Monções

Sérgio Buarque de Holanda

Monções

Organização

Laura de Mello e Souza
André Sekkel Cerqueira

Notas

André Sekkel Cerqueira

•

1ª reimpressão

Companhia Das Letras

Copyright © 2014 by Espólio de Sérgio Buarque de Holanda

Grafia atualizada segundo o Acordo Ortográfico da
Língua Portuguesa de 1990, que entrou em vigor no Brasil em 2009.

Capa
Victor Burton

Imagem de capa
Björn Landström
Todos os esforços foram feitos para determinar
a origem dessa imagem, porém isso não foi possível.
Teremos prazer em creditar a fonte, caso se manifeste.

Imagem da caixa
Maximiliam Wied-Neuwied, gravura aquarelada,
1820/21. Acervo Fundação Biblioteca Nacional – Brasil

Pesquisa Iconográfica
André Sekkel Cerqueira

Preparação
Alexandre Boide

Índice remissivo
Luciano Marchiori

Revisão
Huendel Viana
Thaís Totino Richter

Dados Internacionais de Catalogação na Publicação (CIP)
(Câmara Brasileira do Livro, SP, Brasil)

Holanda, Sérgio Buarque de, 1902-1982.
    Monções e Capítulos de expansão paulista : Sérgio
Buarque de Holanda ; organização Laura de Mello e Souza,
André Sekkel Cerqueira ; notas André Sekkel Cerqueira – 4ª
ed. São Paulo : Companhia das Letras, 2014.

Bibliografia
ISBN 978-85-359-2505-0

    1. Brasil – História – Até 1821   2. Brasil – História –
Monções 3. São Paulo (SP) – História I. Souza, Laura de Mello
e. II. Cerqueira, André Sekkel. III Título.

14-09624   CDD-981.012
                                              -981.61

Índices para catálogo sistemático:
1. Brasil : História, até 1821 981.012
2. Monções : Brasil : História 981.012
3. São Paulo : Estado : História 981.61

2022

Todos os direitos desta edição reservados à
EDITORA SCHWARCZ S.A.
Rua Bandeira Paulista, 702, cj. 32
04532-002 – São Paulo – SP
Telefone: (11) 3707-3500
www.companhiadasletras.com.br
www.blogdacompanhiadasletras.com.br
facebook.com/companhiadasletras
instagram.com/companhiadasletras
twitter.com/cialetras

Sumário

•

Nota sobre o texto – André Sekkel Cerqueira
7

Nota à segunda edição
9

Nota à primeira edição
13

Prefácio: Estrela da vida inteira – Laura de Mello e Souza
15

MONÇÕES

1. Os caminhos do sertão
41

2. O transporte fluvial
47

3. Ouro
73

4. Sertanistas e mareantes
100

5. As estradas móveis
107

6. Comércio de Cuiabá
142

ANEXOS

Anexo A
155

Anexo B
156

Anexo C
157

Anexo D
163

Notas
177

Créditos das imagens
189

Sobre o autor
191

Índice remissivo
195

Nota sobre o texto

.

ESTA É A QUARTA EDIÇÃO DE *Monções*, publicado originalmente em 1945 pela Casa do Estudante do Brasil. Em 1976 saía pela Editora Alfa-Ômega a segunda edição, sem quaisquer alterações, apesar dos anúncios de uma edição revista e ampliada. A terceira edição, da Brasiliense, data de 1990 e trouxe como novidade um apêndice com três capítulos reescritos e inéditos. Provavelmente Sérgio Buarque de Holanda os reescreveu para a segunda edição, mas desistiu de alterar *Monções*, deixando o material inédito para a publicação de um outro livro (o qual ele anuncia na "Nota à segunda edição").

Na nota à terceira edição, Antonio Candido explicava:

[...] Sérgio Buarque de Holanda declarou que não pretendia alterar o livro, mas o fato é que acabou por reescrever três capítulos: "Caminhos do sertão", "O transporte fluvial" e "As estradas móveis".

Nesta terceira edição, foi preciso decidir entre pô-los no lugar das redações anteriores ou manter na íntegra a versão original, juntando em separado os capítulos refeitos. Optou-se pela segunda alternativa, pois do contrário teríamos o primeiro e o segundo capítulos refeitos; o terceiro e o quarto na versão original; o quinto refeito; o sexto na versão original. Resultaria um texto heterogêneo que não corresponderia à obra publicada nem à refusão prevista.

Portanto, nesta terceira edição o leitor terá *Monções* na sua integridade originária e, como material novo, em apêndice, os três capítulos refeitos.

A partir de pesquisas recentes sobre a obra de Sérgio Buarque, acredita-se que os capítulos reescritos de *Monções* foram em parte incorporados pelo autor aos escritos publicados postumamente como *O Extremo Oeste*. Assim, nesta quarta edição, decidiu-se devolver ao público *Monções* tal como seu autor o deixou. No volume *Capítulos de expansão paulista*, encontram-se tanto *O Extremo Oeste* como as partes reescritas de *Monções*.

Nesta edição foram incluídas notas explicativas, visando mostrar ao leitor sua relação com outros textos de Sérgio Buarque. Laura de Mello e Souza, em seu prefácio, esclarece as decisões tomadas nesta edição.

André Sekkel Cerqueira

Nota à segunda edição

•

PUBLICADO PRIMEIRAMENTE NO ANO DE 1945 e em tiragem reduzida, que por isso mesmo se esgotou com certa rapidez, reimprime-se hoje este livro, sem qualquer retoque substancial no texto antigo. Às propostas que nesse intervalo recebi para que dele se fizesse a segunda edição, eu vinha invariavelmente resistindo, na esperança de que pesquisas e estudos adicionais me permitissem melhorá-lo. Outros compromissos e, acima de tudo, a obrigação em que me vi e me vejo ainda, de precisar desviar a atenção para etapas bem diferentes da História do Brasil, iam retardando a execução de semelhante projeto. De súbito achei-me em face de uma interrogação: será possível tomar um livro redigido à distância de trinta anos e de tão estreitas vinculações (pelo espírito em que foi concebido e pelos critérios metodológicos a que se cingiu) com a época em que era preparado, e procurar refazê-lo agora, sem dar a impressão penosa de coisa remendada? Trinta anos de meia hibernação, mais do que o prazo bastante para nascer, viver e morrer toda uma geração histórica, não haverá receita *ad Pisones* que suporte um tal artifício, mesmo num escrito em prosa e sobre temas prosaicos. Nada me impediu, contudo, de ocupar-me durante essas décadas, com intermitências mais ou menos dilatadas, de coligir nova documentação sobre navegações fluviais setecentistas e oitocentistas e seus reflexos na vida brasileira. Será matéria para outro livro e provavelmente com título diverso.

Assim é que realizei, depois, três viagens a Cuiabá, que tornaram possível a coleta e o exame demorado do material que, sobre o assunto, guarda a Biblioteca e Arquivo Público do Estado de Mato Grosso. Só tenho a lamentar o desaparecimento ocorrido entre duas dessas viagens de alguns dos mais velhos inventários de povoadores do arraial cuiabano, que um tabelião mal avisado lançou ao fogo, em vez de os encaminhar ao citado arquivo. Em Portugal, pude examinar, fichar, fazer microfilmar e (antes da revolução xerográfica) obter fotocópias de imensa documentação existente, sobretudo no Arquivo Histórico Ultramarino e entre os "reservados" da Biblioteca Nacional de Lisboa. Além disso, guiando-me pelos catálogos impressos, fiz com que me chegassem às mãos microfilmes do que me pareceu mais interessante a respeito, dos arquivos e bibliotecas de Porto e de Évora, como seja, no primeiro, parte dos papéis de Luís Pinto de Sousa Coutinho, governador e capitão-general de Mato Grosso, antes de ser, com o título de visconde de Balsemão, ministro da Guerra e Estrangeiros da rainha d. Maria I, e em Évora alguma coisa do acervo jesuítico. Por falta de tempo, ou pior, por incúria e pouca diligência minhas, não examinei outras fontes arquivais, possivelmente importantes, e além disso não tive ocasião de explorar os maços de Mato Grosso, conservados no AHU, senão até os do primeiro decênio do século XIX. Nem tentei alcançar licença para visitar e estudar, por exemplo, o arquivo da Casa da Ínsua, que guarda a documentação de Luís de Albuquerque de Melo Pereira e Cáceres e de seu irmão João de Albuquerque, os quais governaram sucessivamente a mesma capitania, logo depois de Luís Pinto, no extenso período de 1772 a 1796. Duplicatas dessa documentação existem e pude conhecê-las, sobretudo na Coleção Pombalina da Biblioteca Nacional de Lisboa, mas abrangem quase apenas papéis de cunho oficial. Deveriam ter lugar aqui os vivos agradecimentos, devidos às instituições que subsidiaram essas pesquisas e as viagens necessárias para a sua realização, como sejam a Fundação Calouste Gulbenkian de Portugal e a Fapesp (Fundação de Amparo à Pesquisa do Estado de São Paulo), se não coubessem melhor no pórtico de outro livro, em vias de elaboração, sobre igual tema. Cumpre-me acrescentar que, ao lado dos documentos obtidos em Portugal e Mato Grosso e também no Museu das Bandeiras da cidade de Goiás, onde existem peças que podem interessar ao estudo do comércio de Cuiabá, na era das monções, cuidei de alargar intermitentemente também minhas buscas no Arquivo Público do Estado de São Paulo, no Arquivo Nacional, na Biblioteca Nacional e no Instituto Histórico e Geográfico Brasileiro, todos no Rio de Janeiro, que foram, juntamente com o Arquivo da Diretoria de Engenharia do Ministério da Guerra, também no Rio, aproveitados para o livro de 1945, assim como os arquivos das Cúrias das cidades de São Paulo e Sorocaba, onde estão, respectivamente, os documentos eclesiásticos referentes a Itu e Porto Feliz. Frustrou-se, infelizmente, minha tentativa de utilizar o Arquivo Nacional de Assunção, que encontrei fechado, para obras, em fins de 1969, quando fui ao Paraguai. Aos bons préstimos do sr. Arturo Nagy (húngaro de nação, mas devotado à história do Paraguai, sua terra adotiva), pouco depois falecido, a d. Benito Riquelme, profundo conhecedor dos desvãos do mesmo arquivo, com quem continuei a corresponder-me, à obsequiosidade do sr. Sanchez Quell, historiador eminente e diretor daquela instituição, mas muito especialmente à solicitude de meu amigo e grande artista Lívio Abramo e à sra. Rachel Chavez, que me facilitaram alguns desses contatos, devo o ter podido tomar conhecimento dos títulos e um pouco do conteúdo da série denominada *Nueva Encardenación*, que parece prometer uma rica seara. Sendo possível, farei segunda tentativa para seu aproveitamento. Se não, fica esta informação para quem se disponha a tentar o mesmo estudo.

Repito que meu trabalho em preparo tem a ver com as chamadas monções "de povoado", que assim se chamavam as frotas de comércio entre Porto Feliz e Cuiabá, e com as viagens por terra entre São Paulo, Rio de Janeiro e Bahia, respectivamente, e o extremo ocidente do Brasil. Para obra mais completa, seria conveniente o estudo de toda a vasta estrada fluvial que, com breves intervalos, abraçava quase todo o Brasil, desde o Tietê até a Amazônia. Mas tenho de confessar que sinto estar hoje fora de minha capacidade enfrentar os muitos e mortais obstáculos que se oferecem ao longo de tão dificultosa navegação, de milhares e milhares de quilômetros. Minha falta neste particular é suprida, aliás, com vantagem, pelo magnífico estudo que dedicou às monções do Norte, ou seja, de Vila Bela de Santíssima Trindade, do Mato Grosso, para Nossa Senhora de Belém do Grão-Pará, o professor David Davidson, da Universidade de Cornell, que ainda espero ver impresso e traduzido. Conheço bem a obra e seu autor, primeiro como componente de uma das comissões de julgamento do concurso, que prestou na Universidade de Yale, nos Estados Unidos, rematada com a tese sobre as monções do Norte, que lhe deu o título de doutor em filosofia – ph.D. – e, posteriormente, como companheiro de pesquisas na minha última estada em Cuiabá, nossa admirável entrada de 1967, como costuma dizer. Em Cuiabá, deixei-o para voltar a São Paulo, enquanto ele se preparava para ir completar suas longas pesquisas em Belém e Lisboa.

Nota à primeira edição

·

NAS PÁGINAS QUE SE SEGUEM, NÃO TIVE o propósito de tentar uma história sistemática e rigorosamente cronológica das monções setecentistas. Nem era minha intenção separá-las de um estudo onde, em quadro mais amplo, se analisassem aspectos significativos da implantação e expansão, em terra brasileira, de uma civilização adventícia. Aqueles aspectos, precisamente, em que tal civilização, colocada perante contingências do meio, pôde aceitar, assimilar e produzir novas formas de vida, revelando-se até certo ponto criadora e não somente conservadora de um legado tradicional nascido em clima estranho.

Esse estudo acha-se realizado apenas em parte. Se puder retomá-lo depois de uma interrupção forçada, que talvez ainda se prolongue por alguns anos, há de incluir a parte sobre monções, que agora vai publicada separadamente. A oportunidade dessa publicação devo-a à Casa do Estudante do Brasil, organização benemérita, cujo convite para incluir meu nome entre os editados de sua Coleção de Estudos Brasileiros muito me desvanece.

Devo também um agradecimento a amigos e instituições que me facilitaram pesquisas em documentos inéditos ou livros raros utilizados para a presente obra. Entre essas instituições, cabe menção especial ao Arquivo da Diretoria de Engenharia do Ministério da Guerra, ao Arquivo Público do Estado de São Paulo, à Biblioteca Nacional do Rio de Janeiro, ao Instituto Histórico e Geográfico Brasileiro e ao Instituto Nacional do Livro.

Prefácio
Estrela da vida inteira

•

DURANTE O CURTO CONVÍVIO PROFISSIONAL QUE TIVE com Sérgio Buarque de Holanda, ouvi dele duas revelações que me intrigaram. Primeiro, a do quanto sofria para escrever, levando não raro uma semana para redigir um parágrafo e trazendo nos bolsos pequenos pedaços de papel escritos e reescritos à mão para, depois, copiá-los à máquina. Como prova da tortura, sacou do bolso e me mostrou um desses papeizinhos. A segunda revelação foi repetida algumas vezes, a primeira delas quando lhe perguntei qual era a sua pesquisa naquele momento – talvez 1975, talvez um ou dois anos depois. Respondeu que trabalhava na reescritura de *Monções*. Numa das ocasiões em que a conversa voltou ao assunto, lembro-me de ter indagado por que reescrever um livro clássico, consagrado. Sérgio justificou-se dizendo que, nos quase trinta anos decorridos desde a publicação de *Monções*, levantara muita coisa nova, fora a Cuiabá, a Assunção, a Portugal, juntara grande quantidade de documentos, havia muito que emendar e acrescentar.

Perfeccionista e eruditíssimo como era, talvez tivesse em mente um ou outro reparo em relação às obras-primas com que enriqueceu a cultura brasileira: *Raízes do Brasil*, *Visão do Paraíso*, *Caminhos e fronteiras* e *Do Império à República*, volume que integra a parte referente ao Brasil monárquico na coleção *História Geral da Civilização Brasileira*, por ele organizada e coordenada. Mas nada indica que tivesse com relação a qualquer uma delas o sentimento de incompletude que parecia nutrir a respeito de *Monções*. É verdade que fazia parte da sua natureza uma curiosa necessidade – sendo ele quem era – de submeter a escrutínio rigoroso tudo quanto escrevia. Senão, como explicar que tenha deixado inédita boa parte dos escritos luminosos de *Capítulos de literatura colonial*, publicados postumamente por Antonio Candido graças à iniciativa de sua viúva e colaboradora, Maria Amélia Buarque de Holanda? O ensaio sobre Cláudio Manuel da Costa, que ali aparece pela primeira vez, satisfaria o mais rigoroso dos pesquisadores, mas não parece ter satisfeito Sérgio, que o deixou dormindo por tantos anos.

Publicado em 1945, *Monções* completará, em 2015, setenta anos de existência. Em 1976, ainda em vida do autor, surgiu uma segunda edição, sem alterações dignas de nota. Apesar de sempre mencionar, ao longo dos 31 anos que separam a primeira e a segunda edições por ele chanceladas, que estava reescrevendo *Monções*, Sérgio Buarque de Holanda optou por manter a versão original, com a qual não se mostrava de todo satisfeito, em vez de incorporar à nova edição as investigações posteriormente realizadas. Na nota que fez à edição de 1976, justificou a não inclusão da pesquisa mais recente, que acreditava caber "no pórtico de outro livro, em vias de elaboração, sobre igual tema".* Em 1989, a pedido de Maria Amélia, An-

---

* Sob minha orientação e com apoio da Fapesp, André Sekkel Cerqueira desenvolveu projeto de iniciação científica sobre *Monções*, *O Extremo Oeste* e *Caminhos e fronteiras*. Além de preparar as notas da presente edição, foi um interlocutor permanente, e várias das ideias aqui expostas devem muito a ele. Em seus relatórios de número 2 e 3, particularmente, rastreou os vários momentos em que Sérgio expressou insatisfação com a obra feita e desejo de reescrevê-la, com base na pesquisa documental que continuou a realizar. Remeto aos dois referidos Relatórios Parciais à Fapesp: "Uma análise comparativa de *Monções* e *Caminhos e fronteiras*", de agosto de 2009, e "A produção

tonio Candido organizou a terceira edição, composta do texto original dado ao público em 1945 e, em apêndices, de três capítulos reescritos, um deles publicado como artigo e os dois outros na forma como foram encontrados entre os papéis deixados pelo autor.[*]

Este prefácio já estava pronto e em processo de editoração quando, em meados de março de 2014, André Sekkel Cerqueira encontrou, numa das prateleiras que guardam a coleção de Sérgio Buarque de Holanda, na Biblioteca Cesar Lattes da Unicamp, um pequeno volume encadernado de preto. Naquele dia, André achava-se na biblioteca para indicar ao fotógrafo quais as imagens que deveriam constar do caderno iconográfico da presente edição. Abrindo-o por acaso, sem saber o que continha, deu com páginas datilografadas por Sérgio, em algumas das quais encontravam-se, recortados e colados, vários trechos da primeira edição de *Monções*: eram justamente os dois capítulos reescritos que tinham permanecido inéditos, "Estradas móveis" (no qual constam os recortes) e "Caminhos fluviais" (datilografado e corrigido à mão pelo autor, mas sem colagens). Para este prefácio, não foi possível fazer uma análise detida de como o historiador estava a reescrever seu livro. Para estudiosos futuros, o pequeno volume, agora integrado ao fundo dos manuscritos de Sérgio, constituirá certamente uma fonte preciosa sobre seu método de trabalho. Anotações feitas a lápis nas folhas desses escritos sugerem que foram encadernados e ordenados por Maria Amélia Buarque de Holanda a fim de servirem à terceira edição de *Monções*, na qual figuram como apêndices.

Sem enfrentar os desafios da difícil crítica genética, e dei-

---

historiográfica de Sérgio Buarque de Holanda: Entre *Monções* e *Caminhos e fronteiras*", de maio de 2010, ambos textos datiloscritos e inéditos.

[*] O autor publicou em vida aquele dentre os capítulos reescritos que considerou acabado: Sérgio Buarque de Holanda, "Caminhos do Sertão". *Revista de História*, São Paulo, n. 57, pp. 59-111, 1964.

xando portanto que especialistas se encarreguem da tarefa, levantarei, ao longo deste prefácio, alguns pontos no intuito de entender melhor as opções do historiador, expressas em momentos diferentes de sua vida. Primeiro, a de manter a versão original de *Monções* sem acrescentar à segunda edição as partes que já havia reelaborado, à luz de novas investigações. Em segundo lugar, a de se empenhar na realização de um novo livro sobre o assunto, no qual caberiam as partes refeitas. Procurarei, da mesma forma, fundamentar as escolhas feitas para a presente edição, distintas das que nortearam as edições póstumas de *O Extremo Oeste*, em 1986, e de *Monções*, em 1989, obras que tanto eu como André Sekkel Cerqueira, que comigo trabalhou neste projeto, consideramos pertinente analisar em conjunto, partes que são da mesma empreitada intelectual de Sérgio Buarque de Holanda.* Diferentemente da edição de 1989, manteve-se, aqui, *Monções* na versão endossada por Sérgio Buarque de Holanda, sem acrescentar os capítulos reescritos como anexos. Após consultar José Sebastião Witter e Antonio Candido, responsáveis pelas edições anteriores das duas obras e que, com grande generosidade, concordaram com as modificações concebidas, juntaram-se os capítulos reescritos de *Monções* e os textos que integram *O Extremo Oeste* num volume à parte, que se denominou *Capítulos de expansão paulista*. Pensou-se, assim, ser mais fiel à concepção de Sérgio Buarque de Holanda, que infelizmente não deixou pistas ou anotações que pudessem lançar luz sobre o destino que pretendia dar a escritos muitas vezes interpolados, outras vezes distintos, mas todos voltados para o passado paulista e para suas andanças pelo interior luso-americano.

---

* Remeto, mais uma vez, aos relatórios científicos da pesquisa inédita de André Sekkel Cerqueira. No relatório de número 3, chega inclusive a aproximar *Monções*, *Caminhos e fronteiras* e *O Extremo Oeste* a *Visão do Paraíso*.

* * *

Mais de um estudioso indicou *Monções* como um divisor de águas entre o ensaísta e o historiador.* Após o grande sucesso de *Raízes do Brasil* (1936), que transcende as fronteiras do ensaísmo histórico e se avizinha de outras disciplinas, Sérgio publicara copiosamente em jornais, ganhando nome como crítico, sobretudo literário.** Nesse sentido, *Monções* representa, de fato, uma inflexão. Mesmo que, para a época, a abordagem inovadora não parecesse ser a de um historiador no sentido estrito, não cabe dúvida quanto à preocupação histórica subjacente à escolha do recorte: o passado das populações paulistas, sua lida no sertão, seja à cata de metais e pedras preciosas, seja às voltas com a preação de índios, seja – assunto central do livro – na atividade do comércio fluvial rumo ao Centro-Oeste, capaz de exercer efeito disciplinador sobre os aventureiros da véspera.***

A preocupação com o movimento tem sido talvez o aspecto mais enfatizado no conjunto de escritos de Sérgio Buarque de Holanda sobre a história de São Paulo.**** Mas me parece ter

---

* Maria Odila Leite da Silva Dias, "Sérgio Buarque de Holanda, historiador", introdução a *Sérgio Buarque de Holanda*, volume por ela organizado. São Paulo: Ática, 1985, coleção Grandes Cientistas Sociais: História. Ver também, na p. 26 de *Capítulos de expansão paulista* (São Paulo: Companhia das Letras, 2014), a introdução de José Sebastião Witter a *O Extremo Oeste*. Mais recentemente, Eduardo Henrique de Lima Guimarães, "A modernidade brasileira reconta as tradições paulistas", em Pedro Meira Monteiro e João Kennedy Eugênio (orgs.), *Sérgio Buarque de Holanda: Perspectivas* (Campinas: Ed. da Unicamp; Rio de Janeiro: Eduerj, 2008. pp. 36-62).

** Remeto ao notável trabalho de Antonio Arnoni Prado na reunião desses escritos. Sérgio Buarque de Holanda, *O espírito e a letra: Estudos de crítica literária* (São Paulo: Companhia das Letras, 1996. 2 v.).

*** Cf. Henrique Estrada Rodrigues, "Os sertões incultos e o ouro do passado", em Monteiro e Eugênio (orgs.), op. cit., p. 71: "É bem possível que, para o autor de *Monções*, seu fundamento tenha sido uma certa utopia do comércio como veículo civilizacional".

**** Entre outros, Nicolau Sevcenko destacou, em entrevista, "o elemento da errância, da itinerância, da fluidez, da flutuação" como característico na obra de Sérgio Buarque de Holanda; em José Geraldo Vinci de Moraes e José Marcio Rego, *Conversas com historiadores brasileiros* (São Paulo: Ed. 34, 2002. pp. 335-62, citação à p. 346). Ver ainda a

sido o destaque aos elementos da vida e da cultura material o ponto distintivo de *Monções* com relação ao que se escrevera até o momento sobre as populações paulistas: os estudos de Alfredo Ellis Jr., os de Afonso de Taunay e até *Vida e morte do bandeirante* (1929), de Alcântara Machado, mais moderno na linguagem e na concepção. Se essa obra, em certos pontos, influenciou Sérgio Buarque, mantinha-se ainda presa à "mitologia bandeirante", à ideia da excepcionalidade da história paulista, na qual o isolamento no contexto luso-americano aparecia como um dos traços específicos.* *Monções* deslocou o eixo da análise que dominava a historiografia sobre o assunto, em que pese certa originalidade presente em alguns dos livros de Alfredo Ellis Jr., como observou John Monteiro.** Se Ellis havia destacado a importância do mameluco sob perspectiva ainda presa à concepção de raça, Sérgio procurou desvendar seu papel como intermediário entre dois mundos,*** debruçando-se sobre a constituição de uma cultura material específica, na qual traços indígenas e europeus se articularam e tornaram possível a adaptação dos adventícios portugueses ao novo meio, mesmo que "o assenhoreamento das técnicas indígenas" fosse fruto de uma "necessidade de simplifica-

---

ótima síntese e os comentários sobre as duas edições de *Monções* em Heloisa Liberalli Bellotto, "A dinâmica das Monções na obra de Sérgio Buarque de Holanda" (*Ethnos Brasil*, São Paulo, ano I, n. 2 – Dossiê Sérgio Buarque de Holanda, pp. 69-82, set. 2002). A autora também dá muita ênfase ao movimento, central na concepção da obra.

* Laura de Mello e Souza, texto introdutório a *Vida e morte do bandeirante*, de Alcântara Machado, em Silviano Santiago (coord.), *Intérpretes do Brasil* (Rio de Janeiro: Nova Aguilar, 2000. v. 3, pp. 1191-203). Idem, "Alcântara Machado, vida e morte do bandeirante", em Lourenço Dantas Mota, *Introdução ao Brasil: Um banquete no trópico* (São Paulo: Senac, 2001. v. 2, pp. 123-42).

** "Caçando com gato: Raça, mestiçagem e identidade paulista na obra de Alfredo Ellis Junior" (*Novos Estudos – Cebrap*, São Paulo, n. 38, pp. 79-88, mar. 1994). Para versão modificada e ampliada, ver: "Raça de gigantes: Mestiçagem e mitografia no Brasil e na Índia portuguesa", em *Tupis, tapuias e historiadores: Estudos de história indígena e do indigenismo* (Campinas: Unicamp, 2001. pp. 194-216. Tese [Livre-Docência]).

*** Com base em concepções mais recentes, o mameluco paulista poderia ser chamado de *intermediário cultural*.

ção", como escreveu em "Os caminhos do sertão", capítulo inicial de *Monções*. A escolha das madeiras mais adequadas e da técnica mais condizente com a construção de barcos capazes de enfrentar rios de águas revoltas, a disposição dos remeiros e o modo como manejavam os remos, o fabrico e o uso dos mosquiteiros, os embates com os índios e, ao mesmo tempo, as alianças com eles estabelecidas integram a temática do livro e a matéria de uma narrativa na qual as ações e as práticas cotidianas têm mais peso do que as excepcionais, eclipsando personagens e heroísmos.

No mesmo ano em que publicou *Monções*, Sérgio escreveu para *O Estado de S. Paulo* três artigos a respeito da língua geral, incorporando-os em 1947 à segunda edição de *Raízes do Brasil*, o que sugere a força assumida pelo elemento indígena também nas suas considerações mais gerais acerca da formação histórica do país.[*] Suas leituras de etnografia, etnologia e antropologia haviam possivelmente se tornado mais frequentes e sistemáticas desde 1946, conforme indicou Mariana Françozo, destacando-se a presença dos autores alemães atuantes entre a segunda metade do século XIX e o início do século XX, a maioria deles pertencentes ao que alguns chamam de "escola histórico-cultural", outros de "escola etnológica". Daí ter traduzido do alemão o trabalho de um dos expoentes dessa tendência – *Etnologia sul-americana*, do padre Wilhelm Schmidt – e travado contato com obras que iam aparecendo no Brasil, como os *Estudos de etnologia brasileira*, de Max Schmidt, e *O Brasil Central*, de Karl von Steinen.[**]

---

[*] O autor escrevera um longo ensaio sobre "O índio no Brasil" em abril de 1940, mas sob perspectiva mais alargada e escopo mais geral. Cf. Marcos Costa (org.), *Sérgio Buarque de Holanda: Escritos coligidos* (São Paulo: Fundação Perseu Abramo; Ed. Unesp, 2011. 2 v.), v. 1, pp. 93-173.

[**] Remeto à dissertação de mestrado, infelizmente inédita, de Mariana de Campos Françozo, *Um outro olhar: A etnologia alemã na obra de Sérgio Buarque de Holanda* (Campinas: Unicamp, 2004), sobretudo pp. 41-50 e 91 ss. Para o papel da escola histórico-cultural na constituição da antropologia como disciplina, ver: Bernardo Bernar-

A partir de 1946, quando fixou residência em São Paulo a fim de dirigir o Museu Paulista, a proximidade com esse tipo de estudo aumentou. Sob sua gestão, o museu deixou de ser uma espécie de câmara ardente da memória do bandeirismo paulista e se voltou para a etnografia e a etnoantropologia, guinada expressa na contratação de Herbert Baldus e Harald Schultz.* Foi ainda graças à iniciativa de Sérgio que se retomou, em 1947, a publicação da *Revista do Museu Paulista*, suspensa em 1938 e, uma vez reativada, importante espaço de divulgação para textos dessa especialidade, tanto nacionais quanto internacionais, em ambos os casos destacando-se os de etnologia indígena. Ali se publicou na íntegra, pela primeira vez, *A função social da guerra na sociedade tupinambá*, de Florestan Fernandes (1952), bem como "Índios e mamelucos na expansão paulista" (1949), que mais tarde integrou a primeira parte de *Caminhos e fronteiras* (1957).

Cabe aqui um breve esclarecimento sobre certa indistinção que, na época, ainda impregnava as designações dos estudos etnográficos, etnológicos e antropológicos. Em 1952, Radcliffe-Brown lembrava que as tentativas de distinção remontavam a pelo menos 1909 – a tendência sendo considerar a etnografia como voltada para os relatos descritivos de povos não letrados, a etnologia e a arqueologia pré-histórica para a reconstrução hipotética desses povos e a antropologia social para o estudo comparativo das instituições das sociedades primitivas.** Em 1958, Claude Lévi-Strauss procurou sistemati-

---

di, *Introdução aos estudos etno-antropológicos* (Lisboa: Edições 70, 1982), pp. 182-8. Malinowski considerava Ratzel, W. Schmidt e outros como pertencentes à "escola etnológica", que estudava "a influência das culturas pelo contato, infiltração e transmissão" (B. Malinowski, *Argonauts of the Western Pacific*. Londres: [s.n.], 1922, pp. 515-6).

* Cf. Mariana Françozo, pp. 54 ss.

** A. R. Radcliffe-Brown, "Historical Note on British Social Anthropology" (*American Anthropologist*, Arlington, v. 54, n. 2, pp. 275-7, 1952). No início do século xx, a distinção mais clara era a traçada entre a etnologia e a sociologia – a antropologia constituía ainda um campo bastante indeterminado. Para o processo de constituição da antropo-

zar o que pensava acerca do assunto em várias passagens de *Antropologia estrutural*, mas talvez baste citar, aqui, a definição que ensaia nas páginas introdutórias: "a etnografia consiste na observação e análise de grupos humanos considerados na sua particularidade [...] e visando à reconstituição a mais fiel possível da vida de cada um deles; a etnologia, por sua vez, utiliza de modo comparativo [...] os documentos apresentados pelo etnógrafo".*

Para além da tentativa de distinção, contudo, boa parte dos autores citados por Sérgio Buarque de Holanda no tocante aos estudos etnoantropológicos permanecem difíceis de classificar. Os autores mais antigos – Georg Friederici, Erland Nordenskiöld, Theodor Koch-Grünberg, Wilhelm Schmidt – situam-se na zona indefinida entre as três especialidades, apesar de tenderem para o que se convenciona chamar de etnografia. Mesmo os mais recentes, como Alfred Métraux e Clark Wissler, ora aparecem como etnógrafos, ora como etnólogos, ora como antropólogos. Wissler, por exemplo, um dos maiores nomes do século XX nesses campos, teve papel destacado na constituição das coleções etnográficas do Museu Americano de História Natural, que dirigiu por quarenta anos, ensinou etnologia em Columbia, antropologia em Yale e presidiu a Associação Americana de Antropologia.** Como tudo indica ter sido nos museus etnográficos, e a propósito dos objetos colecionados – sobretudo os referentes à cultura material –, que surgiu a preocupação com o estudo sistemático da distribuição espacial dos elementos de cultura, é plausível que as leituras de Sérgio tenham acompanhado o seu rumo profissional. Lia o que, por força das circunstâncias – a direção do Museu Paulista –, caía-lhe às mãos, sem um cálculo ou projeto

---

logia britânica, ver: Adam Kuper, *Anthropology and Anthropologists: The Modern British School* (Londres; Nova York: Routledge and Kegan Paul, 1987. pp. 2 e ss.).

* Claude Lévi-Strauss, *Anthropologie Structurale*. Paris: Plon, 1958. p. 4.

** Paul Mercier, *História da antropologia*. Lisboa: Teorema, 1986. pp. 83-9.

prévio, e sem se preocupar com as discussões mais abstratas que envolviam os grandes antropólogos nos anos 1950, como Lévi-Strauss e Radcliffe-Brown.*

Sérgio Buarque de Holanda esteve afastado da direção do museu nos anos de 1953 e 1954, quando deu aulas de literatura e história do Brasil na Universidade de Roma. Em 1955 reassumiu o cargo para tornar a deixá-lo no ano seguinte, em caráter definitivo, pois passaria a integrar o corpo docente do departamento de história da USP, onde permaneceu até se aposentar, em 1969.

Este preâmbulo biográfico procurou situar *Monções* para tentar compreender os motivos que levaram um livro a consumir parte das energias intelectuais de seu autor durante quase quarenta anos. Como se disse, apenas três dos capítulos foram reescritos: "Os caminhos do sertão", que sofreu um acréscimo de quarenta páginas; "O transporte fluvial", que aumentou em dezessete páginas com relação à versão inicial, e "As estradas móveis", que ganhou 37 páginas no formato refeito. Não é possível datar com precisão o momento em que os escritos foram reelaborados, mas o processo se estendeu por muito tempo, uma versão corrente na família do historiador sustentando que o autor trabalhava neles quando de sua morte.** As notas e as referências bibliográficas poderiam fornecer pistas, mas por serem incompletas e fragmentadas quase nada esclarecem.

---

* Um exemplo eloquente, nesse sentido, é o de Fernando Márquez Miranda, de quem Sérgio Buarque de Holanda citou "La navegación primitiva y las canoas monoxilas". Márquez Miranda, arqueólogo e historiador, foi chefe do departamento de arqueologia e etnografia do Museu de la Plata entre 1933 e 1946, e, mais tarde, interventor no mesmo museu, tendo fundado a Sociedade Argentina de Antropologia. Cf. <https://www.google.com.br/?gfe_rd=cr&ei=FdfRUoqLMuqE8QfJ74GQCw#q=Fernando+M%C3%A1rquez+Miranda>. Acesso em: 11 fev. 2014.

** André Sekkel Cerqueira identificou os papéis deixados por Sérgio em sua mesa como parte do conjunto publicado postumamente, sob edição de Fernando Novais, com o título de *Capítulos de história do Império*, o que contrariaria a versão familiar.

Apenas como curiosidade, registre-se que, em "Os caminhos do sertão", a data mais recente de uma obra citada é 1962, ao passo que em "As estradas móveis" é 1954. Nos anos posteriores à publicação de *Monções*, Sérgio Buarque de Holanda continuou escrevendo sobre a temática do livro.* Em termos gerais, as comemorações do quarto centenário da cidade de São Paulo criaram ambiente propício às discussões e ao interesse pelo passado paulista, e a nota escrita por José de Barros Martins, editor da Biblioteca Histórica Paulista, para o primeiro volume da coleção, publicado em 1952 – os *Apontamentos históricos, geográficos, biográficos, estatísticos e noticiosos da província de São Paulo*, de Manuel Eufrásio de Azevedo Marques –, deixa registrado o agradecimento ao então diretor do Museu Paulista, que teria facilitado o acesso a material iconográfico referente à obra. Em termos mais específicos, contou significativamente, como se verá adiante, o fato de, em 1950, seu antigo mestre e antecessor à frente do museu, Afonso de Taunay, ter dado ao público o 11º e último volume da monumental *História geral das bandeiras paulistas*, escrita, como indicado no subtítulo, "à vista de avultada documentação inédita dos arquivos brasileiros, portugueses e espanhóis" e referente aos "primeiros anos de Goiás" e às "monções cuiabanas no século XVIII". Sérgio resenhou o livro e externou o impacto que provocava sobre suas próprias pesquisas, tanto as já publicadas em *Monções* como as que, continuando-as, achavam-se em curso.** Taunay havia, aliás, coordenado a Biblioteca Histórica Paulista, escrevendo as introduções de todas as obras. A grande quantidade de documentação inédita que veio à luz naqueles anos teria assim

---

* Ver Costa (org.), op. cit., sobretudo o volume I, referente aos anos 1920-49: "Relíquias das monções I" (pp. 457-60), "Relíquias das monções II" (pp. 461-4) e "Pré-história das bandeiras I-VIII" (pp. 465-506).

** "Bandeiras e monções". *Diário Carioca*, Rio de Janeiro, 13 jul. 1951. Republicado em Costa (org.), op. cit., v. 2 (referente ao período 1950-79), pp. 151-5.

orientado a migração dos interesses do autor da primeira versão de *Monções* para uma seara mais marcada pela pesquisa histórica empírica, assentada em fontes primárias coevas. E, por certo, não foi de menor importância o seu ingresso na vida acadêmica universitária e a atividade como titular da cátedra de História da Civilização Brasileira na Universidade de São Paulo.

Na década de 1960, Sérgio ampliou consideravelmente a pesquisa arquivística sobre as monções de povoado. Esteve em arquivos espanhóis, portugueses, paraguaios e em vários arquivos brasileiros. A Fapesp guarda o registro do auxílio que lhe foi outorgado e que ele assinou em 9 de junho de 1965: 550 mil cruzeiros para a execução, em dezoito meses, do projeto "A navegação fluvial entre São Paulo e Cuiabá nos séculos XIX e XX".* Sobre os objetivos a serem alcançados, registrou: "ampliação e enriquecimento de trabalhos anteriormente realizados sobre o assunto"; quanto à importância prática para o país, escreveu: "esclarecimento de aspectos fundamentais da formação da unidade nacional e contribuição para melhor se conhecer o Brasil no passado e no presente".

Mas o detalhamento consta da carta redigida em 29 de janeiro de 1965 e encaminhada ao diretor científico da Fapesp:

> Esse estudo visa a ampliar consideravelmente, completando-a para segunda edição, o livro *Monções*, de autoria do interessado, cuja primeira edição, impressa em 1945, se encontra de há muito esgotada. Tendo sido iniciadas essas pesquisas no Rio de Janeiro desde 1945 e em Cuiabá em 1947, não puderam contudo

---

* Agradeço vivamente à Fapesp, na pessoa de seu diretor científico, professor Carlos Henrique de Brito Cruz, por ter nos franqueado cópias do processo e possibilitado que aqui se as utilizasse na íntegra, pela primeira vez. Mariana Françozo já havia se referido a ele e ao vasto material de pesquisa de Sérgio – vinte cadernos –, mas, salvo engano, não consultou o processo propriamente dito. Fapesp, processo n. 65/0223-4. Caixa 115818. Localização 018-014-0012-0018.

ser concluídas devido à carência de elementos que se procura suprir agora com recurso a essa Fundação.

Como docente de uma universidade paulista, Sérgio podia contar com o apoio da Fapesp, então recém-criada,[*] e ampliar a pesquisa documental com base no acervo manuscrito – palavras dele – da Biblioteca e Arquivo Público do Estado do Mato Grosso, do Instituto Histórico e Geográfico Brasileiro, do Arquivo do Ministério das Relações Exteriores e do Arquivo de Engenharia Militar do Ministério da Guerra, "todos os últimos no estado da Guanabara".

Além do livro já escrito, Sérgio recorria ao volume 11 da *História geral das bandeiras paulistas*, de Taunay, para fundamentar a necessidade da pesquisa. Ali, ponderava, tinham sido utilizados e até melhorados os resultados de seu trabalho, mas cabia então atualizar os resultados anteriores "através de novos métodos de elaboração historiográfica, de novas fontes só ultimamente descobertas, assim como de recursos que não eram disponíveis ao tempo em que se elaboraram". Como fica mais claro na resenha escrita por Sérgio sobre o volume, Taunay incorporara importantes pontos da primeira versão de *Monções* e trouxera novidades; valendo-se de Taunay, Sérgio parece desejar reescrever *Monções* para recobrir a marca etnológica que ali havia com a roupagem mais histórica dos documentos coevos.

De fato, os capítulos de *Monções* publicados postumamente revelam um autor bastante diferente daquele de 1945. Antes de mais nada, cabe ressaltar que, dentre os seis capítulos publicados em 1945, os escolhidos para a reelaboração – o pri-

---

[*] "A Fundação de Amparo à Pesquisa do Estado de São Paulo (Fapesp) foi formalmente criada em 1960 (Lei Orgânica 5918, de 18 de outubro de 1960) e começou a funcionar efetivamente em 1962 (Decreto 40 132, de 23 de maio de 1962). Entretanto, ela já fora prevista na Constituição Estadual de 1947, graças a um esforço de um grupo de homens de laboratório e de cátedra liderado por Adriano Marchini e Luiz Meiller." Página inicial do site oficial da instituição: <www.fapesp.br/28>.

meiro, o segundo e o quinto, respectivamente "Os caminhos do sertão", "O transporte fluvial" e "As estradas móveis" – se relacionam todos com a problemática dos caminhos, ou seja, da locomoção dos agentes históricos no processo de colonização do território, remetendo à ideia que consta do projeto enviado à Fapesp, e que o próprio postulante indicou como sendo a central: "esclarecimento de aspectos fundamentais da formação da unidade nacional e contribuição para melhor se conhecer o Brasil no passado e no presente".[*] Mesmo que seu plano comportasse a reelaboração dos demais, o fato de tê-la começado por esses três parece significativo. Da mesma forma que Capistrano de Abreu em seus dois livros principais – *Caminhos antigos e povoamento do Brasil* (1899) e *Capítulos de história colonial* (1907) –, Sérgio Buarque de Holanda contou entre os historiadores que procuraram deixar de lado o litoral e a "civilização" ali criada para se ocupar da penetração território adentro e, conhecendo melhor esse fenômeno, lançar nova luz sobre os sentidos da nossa história. Portanto, sua preocupação sempre foi histórica, em que pesem algumas digressões de cunho etnográfico, nas quais o cuidado com a cultura material parece servir à tentativa de compreender, no fenômeno da expansão paulista, aquilo que Clark Wissler chamou de "área cultural". Com o passar dos anos e com uma orientação cada vez mais marcada pelo ofício do historiador, o método histórico passou a predominar sobre as reflexões extraídas das etnografias da cultura material, havendo inclusive preocupação maior com personagens e feitos, bem como com a erudição clássica do trabalho do historiador.

---

[*] Remeto ao ensaio conciso e instigante de Ilana Blaj intitulado "Pulsações, sangrias e sedimentação: Sérgio Buarque de Holanda e a análise da sociedade paulista no século XVII", in *Sérgio Buarque de Holanda: Vida e obra* (São Paulo: Secretaria de Estado da Cultura; Arquivo do Estado; Universidade de São Paulo; Instituto de Estudos Brasileiros, 1988. pp. 81-5), no qual destaca, na análise de Sérgio Buarque de Holanda sobre as populações paulistas, a existência de uma dialética entre movimento e equilíbrio vital.

Que fique claro, portanto, que, em parte de sua obra – notadamente nos livros que aqui se reeditam, bem como em *Caminhos e fronteiras –*, a análise da cultura material serve, antes de mais nada, à tentativa de compreensão dos processos históricos.* Talvez seja com a segunda versão de "Os caminhos do sertão" que se possa ilustrar melhor o que tento mostrar neste prefácio. Dos três capítulos reescritos, é o único acabado, com notas completas, já que fora anteriormente publicado como artigo.** Se o capítulo de 1945 tinha escopo mais geográfico e etnoantropológico, a segunda versão, muito diferente da primeira, é eminentemente histórica, com vasta utilização de fontes primárias, impressas na maioria. Aprofunda uma reflexão sobre a agricultura do planalto de Piratininga – as culturas de cana-de-açúcar, trigo, arroz – e sobre a inserção peculiar de São Paulo no processo de colonização, o fio condutor mostrando afastamento ante a visão mais canônica da historiografia das bandeiras e evidenciando uma proposta original: a importância econômica do cultivo dos gêneros de subsistência e a sua articulação com o mundo mais vasto da colonização portuguesa na América, que se tornava cada vez mais estudada sob o prisma da produção para o mercado externo. Nesse contexto, São Paulo não era um microcosmo isolado, dobrado sobre si mesmo, mas uma expressão simultaneamente diversa do resto da colonização portuguesa na América e necessária ao seu desenvolvimento. O texto contemplava ao mesmo tempo "a grande história" e "o amor à minúcia significativa", do qual as detidas considerações sobre as primeiras vilas paulistas – a própria São Paulo, mas sobretudo Santana de Parnaíba e Mogi das Cruzes – são um exemplo notável.

---

* Nesse sentido, divirjo do ótimo trabalho de Mariana Françozo, que me parece imprimir a parte da obra de Sérgio Buarque de Holanda um corte excessiva e intencionalmente antropológico.

** "Caminhos do sertão". *Revista de História*, São Paulo, n. 57, pp. 59-111, 1964.

As mudanças feitas na redação original de "O transporte fluvial" são em grande parte subordinadas à necessidade de fundamentação empírica, com citação de fontes manuscritas e introdução de personagens e acontecimentos, a fim de melhor caracterizar a atividade monçoeira. Da mesma forma que "As estradas móveis", o texto mostra-se incompleto no acabamento, com notas vagas e imprecisas, sem datas ou páginas. Mas, neste último, as mudanças trazidas na segunda versão são consideráveis. Além da maior ênfase à documentação arquivística, é mais evidente o impacto das fontes publicadas no âmbito das comemorações do quarto centenário de São Paulo, sobretudo nos volumes *Relatos sertanistas* e *Relatos monçoeiros*,* bem como nos volumes referentes aos manuscritos da coleção Pedro de Angelis, que também começaram a sair naquela época.** Mais extenso e complexo é também o tratamento ali dado aos grupos indígenas, com destaque para os caiapós, paiaguás e guaicurus, um dos pontos altos do capítulo porque conjuga o uso meticuloso de documentos primários mais propriamente históricos com a descrição etnográfica e a interpretação etnológica. Além disso, incorpora a discussão, elucidando-a, sobre serem paiaguás e guaicurus integrantes de um só grupo ou de dois grupos distintos, mostrando-se correta a última hipótese.

A opção feita em vida por reeditar a versão original de *Monções* talvez se deva ao fato de Sérgio Buarque de Holanda não ter conseguido harmonizar o que havia de melhor na primeira abordagem, muito marcada pela etnoantropologia da época, com as preocupações que passaram a dominar seu universo mental à medida que se tornava predominantemente historiador. Seja nos escritos de 1945, seja naqueles reelabo-

---

* Ambos foram publicados na Biblioteca Histórica Paulista, correspondendo, respectivamente, aos volumes VII e IX.

** Jaime Cortesão e Hélio Vianna (orgs.), *Manuscritos da Coleção De Angelis*. Rio de Janeiro: Biblioteca Nacional, 1951-70. 7 v.

rados, *Monções* é um grande livro, com passagens antológicas. Nestes últimos, mais que nos originais, oferece à leitura atenta momentos distintos de elaboração, às vezes marcados pela metodologia histórica mais canônica, às vezes presos às preocupações próprias à etnoantropologia, sobretudo no tocante à cultura e à vida material.

Sobre *O Extremo Oeste*, não existe praticamente informação alguma. Há um texto datilografado no arquivo do historiador, conservado na biblioteca da Unicamp, que deve ser o mesmo entregue pela família a José Sebastião Witter para que preparasse a edição de 1986, a única feita até o momento.[*] Mas perdeu-se a memória mais precisa sobre as circunstâncias nas quais foi localizado após a morte de Sérgio Buarque de Holanda, bem como sobre a existência de outra cópia, talvez aquela encaminhada, na época, à editora Brasiliense. Até o momento, não se localizou nenhuma menção do autor a esse trabalho, que se encontra dividido em duas partes, "Caminhos do Extremo Oeste" e "A conquista do Extremo Oeste".

Na introdução a *O Extremo Oeste*, Witter observou: "[...] aqui está o esboço do outro livro anunciado pelo historiador, em 1976". Em seu trabalho de iniciação científica, André Sekkel Cerqueira chegou a idêntica conclusão: esse seria o livro referido pelo autor no prefácio que escreveu para *Monções* em 1976, quando justificou a opção de manter o texto de 1945 e destinar a vasta pesquisa realizada desde então a "outro livro, em vias de elaboração, sobre igual tema".[**] Mais de uma passagem comum ao primeiro livro e a *O Extremo Oeste* fun-

---

[*] O texto existente no arquivo da Unicamp apresenta anotações idênticas às do texto fotografado para ilustrar uma das páginas do prefácio de Witter à edição de 1986. Cf. *Capítulos de expansão paulista*, caderno de fotos, imagem 1.

[**] Relatório parcial à Fapesp, n. 3, p. 11. Para a citação do prefácio, ver p. 11 deste volume.

damentaria essa hipótese, como a que segue abaixo, à guisa de exemplo.

Na versão original de *Monções*:

A sociedade, constituída no planalto da capitania de Martim Afonso, mantém-se, por longo tempo ainda, numa situação de instabilidade ou de imaturidade, que deixa margem ao maior intercurso dos adventícios com a população nativa. Sua vocação estaria no caminho, que convida ao movimento; não na grande propriedade rural, que cria indivíduos sedentários. *

Em *O Extremo Oeste*:

Aquela sociedade meio aluvial constituída no planalto vicentino irá manter-se ainda por dois séculos ou mais em situação instável e imatura, que deixa espaço ao maior intercurso com a gente nativa. *Sua vocação está no caminho, que convida ao movimento, não na grande lavoura, que cria indivíduos sedentários.* * * [grifo meu]

Sobre os demais capítulos do livro, nada ficou que possibilite cogitar como seriam distribuídos. Talvez as duas partes de *O Extremo Oeste* fossem o início do novo livro, e pelo menos dois dos três capítulos que até o momento se considerou como parte da segunda versão de *Monções* – "O transporte fluvial" e "As estradas móveis" – lhe dessem sequência. "Caminhos do sertão", publicado em artigo pelo autor, sofreu cortes e reformulação mais drástica, e significativamente nada apresenta de semelhante às passagens acima transcritas e confrontadas, sendo possível que algumas das partes suprimidas da primeira versão fossem reutilizadas em *O Extremo Oeste*. As

---

* Sérgio Buarque de Holanda. Ver p. 42 deste volume.

* * Sérgio Buarque de Holanda, *Capítulos de expansão paulista*, p. 34. Ambos os trechos foram destacados por André Sekkel Cerqueira em seu relatório de número 3, p. 13.

repetições e interpolações mostram-se bastante comuns no conjunto da obra de Sérgio Buarque de Holanda, que cortava e reaproveitava trechos de textos maiores para escrever artigos em revistas e jornais.

Em suma, tudo remete a indecisões e indefinições, e *O Extremo Oeste* constitui um conjunto de escritos que faltava costurar melhor, e que talvez pudessem estar dispostos em ordem distinta da que se apresenta aqui. Não há dúvida, contudo, que figuram entre alguns dos momentos mais altos, belos e originais da obra do historiador.* As passagens, como a anteriormente transcrita, que retomam partes de trabalhos prévios são, quase sempre, mais polidas, harmoniosas e consistentes na versão de *O Extremo Oeste*, a sugerir redação posterior à de *Monções* e mais madura, o que é corroborado pela data de algumas obras citadas em notas.** Há um ou outro descuido formal, como observou Witter, porém nada consegue abalar a força do conjunto, que se lê de um só fôlego e dialoga com quase toda a obra de Sérgio Buarque de Holanda, sendo possível localizar os rastros de *Raízes do Brasil*, de *Caminhos e fronteiras*, de *Visão do Paraíso*, de alguns dos capítulos da coleção História Geral da Civilização Brasileira, como "Metais e pedras preciosas", do volume que escreveu, para a mesma coleção, sobre o Segundo Reinado, sem falar, obviamente, de *Mon-*

---

* Antonio Candido expressou também seu entusiasmo pelo conjunto de textos em carta de 12 de abril de 1985, em resposta a Maria Amélia Buarque de Holanda, que pedira sua opinião: "[...] li os dois capítulos, que me pareceram excelentes, sobretudo o primeiro, que tem inclusive um movimento de composição admiravelmente lançado, mostrando com extraordinária vivacidade a relação do homem com o espaço físico, pela mediação das técnicas variadas – o que era uma rara especialidade do Sérgio. O segundo é igualmente bom, mas mais 'histórico', sobre um tema que foge um pouco ao meu interesse maior. Repito que ambos me pareceram magistrais, não com ar de primeira redação, mas de coisa pronta, salvo alguns lapsos, repetições etc., que o autor haveria por certo de eliminar, mas que não cabe alterar". A carta se encontra no arquivo pessoal de Sérgio Buarque de Holanda, na Unicamp.

** Um exemplo: a referência à edição de Antonil feita por Andrée Mansuy em 1968, na p. 369 de *Capítulos de expansão paulista* (nota 36).

ções – muito presente, em trechos inteiros, na primeira parte, "Caminhos do Extremo Oeste" – e de uma boa quantidade de artigos, como os que integram a polêmica havida com Jaime Cortesão acerca da Ilha Brasil – publicados em *Tentativas de mitologia* – e a conferência "Expansão paulista em fins do século XVI e princípio do século XVII", publicada em separata da Faculdade de Ciências Econômicas da USP. Essa primeira parte, mais presa a *Monções*, traz marca evidente da etnografia e da geografia, enquanto a segunda, que me parece ter sido escrita depois, é mais histórica – apesar de considerável flutuação na cronologia, que ora avança, ora recua – e marcada por inquietações expressas em *Visão do Paraíso*. Não bastassem, pois, as qualidades indicadas, *O Extremo Oeste* é um prato cheio para os estudos futuros sobre a obra de Sérgio, podendo acrescentar muito à melhor compreensão do seu método de trabalho.

É surpreendente, além disso, que o autor, como aliás também em outros livros, antecipe temas que depois se tornariam centrais na historiografia brasileira, sem que, algumas vezes, se lhe pagasse o tributo devido. Destaque-se a longa passagem sobre o Grande Paraguai, ou "Provincia Gigante de Yndias", que se espraiava do estuário do Prata às terras mais interiores da região andina, chegando, para alguns, a "entestar com a Guiana ou Nova Andaluzia":

> Nem castelhanos nem lusitanos tinham ideia segura dos lugares por onde deveria passar a raia de Tordesilhas, nada de preciso se sabia quanto aos extremos a que chegavam a leste da cordilheira as jurisdições de Almagro e Pizarro, e o próprio curso do Amazonas permanecia uma incógnita. *

Imprecisões que a cartografia procurou elidir, amplificando a representação do Peru, terra de míticas riquezas mine-

---

* "A conquista do Extremo Oeste", em *Capítulos de expansão paulista*, p.117.

rais, ao mesmo tempo que voltava as costas ao Paraguai e ao Brasil e equiparava este último, "quando muito, às partes mais pobres do continente, como a 'terra dos Bacalhaus' no extremo norte, e a dos patagões no extremo sul, pois nela, diz o cosmógrafo, não se tem achado coisa de proveito, mais do que o pau-brasil".* Para evitar que as certezas de hoje se projetem sobre as conjeturas de ontem, e para garantir "qualquer perspectiva histórica satisfatória", o autor lembra, mais de uma vez, a necessidade de ter presente a ignorância e a insegurança que dominavam o imaginário da época, no qual o conjunto da ocupação ibérica nem sempre separava o que era espanhol do que era português.

No plano das ações concretas, e valendo-se de fontes e historiadores paraguaios – entre eles Efraim Cardozo, que utiliza copiosamente –, Sérgio mostra a analogia entre o ímpeto expansionista de Assunção e de São Paulo, as duas vilas correspondendo às extremidades de um eixo de circulação e de contato mantido até o século XVIII, apesar das oscilações da política europeia e de proibições, capazes de determinar a interrupção dos caminhos que as uniam. Essa profunda relação entre a região dos paulistas e a dos assuncenhos, que o autor já esboçava em artigo publicado em 1948,** só mais recentemente voltou a povoar o horizonte da pesquisa no Brasil: cada vez mais se tem olhado para o Paraguai a fim de melhor compreender a história de São Paulo e, em última instância, da colonização portuguesa na América.***

---

* Idem, p. 122.

** "Pré-história das bandeiras III: De São Vicente a Assunção". *O Estado de S. Paulo*, 10 jul. 1948. Cf. Marcos Costa (org.), op. cit., v. 1, pp. 475-9.

*** Dois exemplos recentes desse enfoque: José Carlos Vilardaga, *São Paulo na órbita dos Felipes: Conexões castelhanas de uma vila da América Portuguesa durante a União Ibérica (1580-1640)* (São Paulo: USP, 2010. Tese [Doutorado em História Social]), e Fernanda Sposito, *Santos, heróis ou demônios? Sobre as relações entre índios, jesuítas e colonizadores na América Meridional (São Paulo e Paraguai/Rio da Prata, séculos XVI-XVII)* (São Paulo: USP, 2013. Tese [Doutorado em História Social]).

O texto de *O Extremo Oeste* termina de maneira abrupta, interrompendo uma das passagens mais interessantes do conjunto, na qual o autor mobiliza questões anteriormente focalizadas em *Caminhos e fronteiras* e em *Visão do Paraíso* para, em chave comparativa, melhor distinguir a expansão originada em São Paulo daquela realizada a partir de Assunção, que teve menor impacto e fôlego. A rudeza paulista acabou por ser seu grande trunfo: marchas a pé descalço, diferentes das dos hispano-americanos, em geral montados. Não havia cavalos em São Paulo, espaço geográfico vestido por matas densas, contrastando com os imensos rebanhos dos pampas e de Assunção, de onde, entre 1580 e 1588, chegaram a sair 4 mil animais para abastecer as regiões adjacentes. "Tão notório é o contraste que, em sertões ermos, era possível distinguir de longe entre um espanhol e um português – e português aqui significa, sem exceção, paulista – segundo aparecesse ou não montado."*

Espera-se de um prefácio que interesse o leitor, que o atraia à leitura, que facilite, sempre que possível, as etapas do percurso. Não estou certa de que este tenha cumprido satisfatoriamente seu papel. Não me desculpo com o inacabado do próprio texto de Sérgio Buarque de Holanda, mas convido o leitor a se deter sobre o que permanece encoberto, pelo menos para mim. Por que, ao longo da vida, esse historiador tão grande se debateu com a reelaboração de um livro que já nascera clássico, reescrevendo-o sem parar, cortando passagens, deslocando-as, voltando às leituras já feitas, ampliando o volume documental, anunciando prolongamentos sem lograr resolver a forma definitiva? Ante que perplexidades e incertezas se intimidou? Talvez, como aventei, não tenha conseguido

---

* *Capítulos de expansão paulista*, p. 195.

encontrar uma linha média que o satisfizesse entre a adoção do método histórico mais estrito e o uso da etnoantropologia como elemento de apoio à compreensão dos fenômenos em estudo. Talvez tenha acabado por se enfastiar do assunto, como acontece com frequência quando o tempo da pesquisa se alonga demais. O curioso é que, nessa jornada sertão adentro, mobilizasse, como o fez, quase tudo quanto escreveu: nesse sentido, *Monções* foi a obra que lhe serviu de companheira ao longo da vida. Optou-se aqui por deixá-la na forma originalmente concebida, reunindo num volume distinto, *Capítulos de expansão paulista*, os demais textos que gravitam em torno dela, e que talvez compusessem uma versão reescrita. São textos densos, poderosos, imperfeitos mas belíssimos, cheios de mistério e de dúvidas, como o foram as entradas pelo interior do território luso-americano.

Laura de Mello e Souza
Professora titular aposentada do
departamento de história da USP
Professora titular da cátedra de história do
Brasil na Universidade de Paris IV – Sorbonne
São Paulo, março de 2014

MONÇÕES

•

I
Os caminhos do sertão*

•

DURANTE OS PRIMEIROS TEMPOS DA COLONIZAÇÃO do Brasil, os sítios povoados, conquistados à mata e ao índio, não passam geralmente de manchas dispersas, ao longo do litoral, mal plantadas na terra e quase independentes dela. Acomodando-se à arribada de navios, mais do que ao acesso do interior, esses núcleos voltam-se inteiramente para o outro lado do oceano.

Em tais paragens, tratam os portugueses de provocar um ambiente que se adapte à sua rotina, às suas conveniências mercantis, à sua experiência africana e asiática. O processo evolui graças à introdução da cana-de-açúcar, destinada a pro-

---

* *Monções*, terceiro livro de Sérgio Buarque de Holanda, marcou sua estreia como historiador. No mesmo ano no qual publicou o livro, foi nomeado diretor do Museu Paulista. Conforme explicado nas seções pré-textuais, alguns capítulos deste livro foram reescritos, e "Os caminhos do sertão" é um deles. Inicialmente foi publicado como artigo na *Revista de História*, v. 28, n. 57, jan./mar. 1964, onde, inclusive, havia uma nota dizendo: "O presente estudo fará parte do capítulo inicial de nova edição, consideravelmente ampliada, do volume *Monções*, há muito esgotado". Para se ter uma ideia do quanto foi modificado o capítulo, note-se o número de páginas na edição de 1990: passou de quatro (pp. 15-8) para 44 páginas (pp. 163-206). Cf. nota da p. 199 de *Capítulos de expansão paulista,* obra que passa a conter o capítulo reescrito. [Esta e as demais notas de rodapé são de André Sekkel Cerqueira. As notas numeradas, do autor, encontram-se na seção "Notas".]

duzir para mercados estrangeiros. A lavoura do açúcar tem seu complemento no engenho. Ambos – lavoura e engenho – chamam o negro. Incapazes de ajustar-se a esse processo, os antigos naturais da terra são rapidamente sacrificados. Aqueles que não perecem, vítimas das armas e também das moléstias trazidas pelo conquistador, vão procurar refúgio no sertão distante.

Vencida porém a escabrosidade da Serra do Mar, sobretudo na região de Piratininga, a paisagem colonial já toma um colorido diferente. Não existe aqui a coesão externa, o equilíbrio aparente, embora muitas vezes fictício, dos núcleos formados no litoral nordestino, nas terras do massapê gordo, onde a riqueza agrária pode exprimir-se na sólida habitação do senhor do engenho. A sociedade, constituída no planalto da capitania de Martim Afonso, mantém-se, por longo tempo ainda, numa situação de instabilidade ou de imaturidade, que deixa margem ao maior intercurso dos adventícios com a população nativa. Sua vocação estaria no caminho, que convida ao movimento; não na grande propriedade rural, que cria indivíduos sedentários.

É verdade que essas diferenças têm caráter relativo e que delas não é lícito tirar nenhuma conclusão muito peremptória. A mobilidade dos paulistas estava condicionada, em grande parte, a certa insuficiência do meio em que viviam; insuficiência para nutrir os mesmos ideais de vida estável, que nas terras da marinha puderam realizar-se, ao primeiro contato entre o europeu e o Novo Mundo. Distanciados dos centros de consumo, incapacitados, por isso, de importar em apreciável escala os negros africanos, eles deverão contentar-se com o braço indígena – os "negros" da terra; para obtê-lo é que são forçados a correr sertões inóspitos e ignorados. Em toda parte é idêntico o objetivo dos colonos portugueses. Diverge unicamente, ditado por circunstâncias locais, o compasso que, num e noutro caso, dirige a marcha para esse objetivo.

Mas, a lentidão com que, no planalto paulista, se vão impor costumes, técnicas ou tradições vindos da metrópole – é sabido que, em São Paulo, a própria língua portuguesa só suplantou inteiramente a geral, da terra, durante o século XVIII – terá profundas consequências. Desenvolvendo-se com mais liberdade e abandono do que em outras capitanias, a ação colonizadora realiza-se aqui por um processo de contínua adaptação a condições específicas do ambiente americano. Por isso mesmo, não se enrija logo em formas inflexíveis. Retrocede, ao contrário, a padrões rudes e primitivos: espécie de tributo exigido para um melhor conhecimento e para a posse final da terra. Só muito aos poucos, embora com extraordinária consistência, consegue o europeu implantar, num país estranho, algumas formas de vida, que já lhe eram familiares no Velho Mundo. Com a consistência do couro, não a do ferro ou do bronze, dobrando-se, ajustando-se, amoldando-se a todas as asperezas do meio.*

É inevitável que, nesse processo de adaptação, o indígena se torne seu principal iniciador e guia. Ao contato dele, os colonos, atraídos para um sertão cheio de promessas, abandonam, ao cabo, todas as comodidades da vida civilizada. O simples recurso às rudes vias de comunicação, abertas pelos naturais do país, já exige uma penosa aprendizagem, que servirá, por si só, para reagir sobre os hábitos do europeu e de seus descendentes mais próximos. A capacidade de resistir longamente à fome, à sede, ao cansaço; o senso topográfico levado a extremos; a familiaridade quase instintiva com a natureza agreste, sobretudo com seus produtos medicinais ou comestíveis, são algumas das imposições feitas aos caminhantes, nessas veredas estreitas e rudimentares. Delas aprende o sertanista a abandonar o uso de calçados, a caminhar em "fila

---

* Essa mesma passagem, suprimida na versão reescrita, reaparece, com pequenas modificações, em *O Extremo Oeste*. Cf. nota da p. 39 de *Capítulos de expansão paulista*.

índia", a só contar com as próprias forças, durante o trajeto.* Salvo na proximidade imediata das maiores povoações, nenhum progresso fundamental será possível, antes que se generalize o emprego de cavalares ou muares, para extensos percursos. Nada indica que os trabalhos de reparo e conservação das estradas mais importantes – trabalhos feitos, a princípio, de mão comum, pelos moradores, e quase só até onde chega o poder efetivo das câmaras municipais – pudessem modificar apreciavelmente a fisionomia e o caráter próprio desses caminhos.

Parece provável, aliás, que, mesmo antes da colonização europeia, algumas trilhas de índios fossem mais do que picadas incultas e intratáveis, onde ao caminhante se recusava todo conforto. Isso explicaria, de algum modo, a ênfase com que mais de um historiador se tem referido a "vias nacionais" de tal ou qual tribo. De uma trilha que se dirigia para o sul, rumo ao chamado Sertão dos Patos, já se disse, por exemplo, que era a Via Nacional dos Tupiniquins. Outra, que partindo de Cananeia procurava o sudoeste – a região do Iguaçu e do Piquiri –, seria a verdadeira estrada real da "raça" guarani.

Embora acolhendo com a devida reserva tais precisões, pode-se admitir, no entanto, que os índios se utilizassem continuadamente de determinados caminhos e até mesmo que os adaptassem às necessidades de um trânsito frequente. Afir-

---

* A adaptação do português aos costumes indígenas foi um dos principais temas dos trabalhos de Sérgio Buarque de Holanda. Essa passagem sobre o modo de andar, por exemplo, reaparece em *O Extremo Oeste*, pp. 40-1, e em *Caminhos e fronteiras* (São Paulo: Companhia das Letras, 2005), pp. 28-9 e na p. 34, onde trata da disposição dos pés dos brancos e dos índios: "O caminhar em fila imposto pela exiguidade das trilhas, principalmente no espaço da selva tropical, parece relacionar-se, além disso, às razões de ordem fisiológica que G. Friederici estudou entre índios norte-americanos, mas que parecem aplicar-se de modo geral aos de todo continente. É que, enquanto os brancos, por disposição natural ou educação, costumam caminhar voltando para fora a extremidade de cada pé, o índio caminha de ordinário com os pés para a frente. Na sua marcha, nota ainda Friederici, a planta e os dedos do pé aplicam-se inteiramente sobre o solo, porque todo o peso do indivíduo recai sobre o conjunto de maneira uniforme, ao passo que entre os brancos o polegar suporta uma parcela de peso desproporcionadamente maior".

ma-se dos carijós do Guairá que chegavam a semear em suas estradas certa variedade de gramínea, capaz de impedir o desenvolvimento das macegas e, assim, de evitar qualquer obstrução. Há, ainda hoje, veredas indígenas de muito trânsito, onde se deparam, aqui e ali, instrumentos de cozinhar e moquear, canoas, choças, redes, cabaças de apanhar água; tudo rigorosamente previsto para as conveniências de um constante percurso. A presença de tais petrechos faz supor, naturalmente, cuidadosa escolha do local – sítios onde existam rios piscosos, ou lagrimais, ou barreiros que atraem a caça. Vários desses lugares privilegiados serviriam, com o tempo (em São Paulo só a partir do século XVIII), para neles se estabelecerem pousos reiunos, de onde sairiam depois alguns povoados prósperos.

Não obstante tais comodidades e o zelo previdente que nelas se denuncia, o certo é que nada disso chega a alterar, no essencial, esses caminhos primitivos, destinados unicamente à marcha de pedestres. Sóbrios, tenazes, afeitos à fadiga, os devassadores do sertão não teriam, nesse ponto, exigências profundas que fossem estímulo ao progresso. Alguns, os mais respeitados, fazem-se transportar em redes, carregadas pelos índios. Esse modelo de veículo seria pouco usual longe dos sítios habitados, onde se apagavam os derradeiros vestígios da vida civil. E se chegou a ser usado, por algum cabo de bandeira, durante as extensas jornadas, através de terras desconhecidas – como fazem crer vários depoimentos –,[1] é lícito supor que, quando não servisse apenas para alívio dos enfermos e achacosos, fosse um modo de afirmar ostensivamente a própria superioridade ou dignidade. O mais frequente, porém, era depender cada qual de si mesmo e dos ardis que pode inspirar a prática de um mundo hostil.

A energia física, necessária a muitos desses empreendimentos, dispensava de ordinário qualquer ajuda, a não ser em face de obstáculos mais poderosos. Assim, diante dos rios maiores, rios de canoa, como se chamavam, era forçoso interromper a marcha a pé. E também não faltavam ocasiões em que os rios, deixando de significar um estorvo para o caminhante, se transformavam, eles próprios, em caminhos – os "caminhos que andam". Embora não constituíssem, ao menos de início, a via mais habitual de penetração do continente, desempenhariam, ao cabo, um papel que não foi simplesmente acessório.

2
O transporte fluvial*

·

É INEGÁVEL QUE O APROVEITAMENTO DOS rios brasileiros, para a navegação, esteve sempre muito aquém das grandes possibilidades que parece oferecer, à primeira vista, nossa rede hidrográfica. O certo, porém, é que entre nós, fora da Amazônia, os cursos d'água raras vezes chegam a constituir meio ideal de comunicação. A tanto se opõem obstáculos naturais de toda ordem e que só podem ser evitados mediante expedientes já em uso entre os antigos naturais da terra.

À influência indígena, que também nesse particular foi decisiva, deve-se, por exemplo, o emprego, entre os sertanistas, da canoa de casca, especialmente indicada para os rios encachoeirados. Podendo ir à sirga ou "varar" com facilidade, ela chegou a prestar serviços valiosos na exploração de nosso território. E não só de nosso território. Do Canadá, cortado por um magnífico sistema de rios e canais, mas onde não faltam os rápidos ou as quedas-d'água, já afirmou um historiador

---

* Sérgio Buarque de Holanda também reescreveu este capítulo. O número de páginas da primeira versão, 24 (pp. 19-42 na edição de *Monções* de 1990), praticamente dobrou na versão reescrita, 42 (pp. 207-48 no mesmo volume). O capítulo reescrito passa a integrar *Capítulos de expansão paulista*.

que só pôde ser desvendado em toda a sua extensão pelos *coureurs de bois*,* graças à presença dessas embarcações verdadeiramente providenciais.[1]

Seu fabrico não oferece dificuldades extremas e nem consome tempo excessivo, pois onde há rio, nunca escasseiam matos e, onde há mato, raramente faltará arvoredo adequado. Escolhido um tronco linheiro e com seiva abundante, é bastante despir-lhe a casca do topo à raiz, unindo depois as pontas com auxílio de cipós e mantendo aberto o bojo, por meio de travessões de pau; ou então aquecendo-a em fogo brando, de maneira a fazê-la bem flexível e dar-lhe, assim, a conformação desejada.

Suas vantagens podem ser apreciadas, considerando-se, por exemplo, que entre as populações banhadas pelo Madeira se verificou existir uma perfeita coincidência da área primitiva de distribuição de tais embarcações com as partes mais acidentadas do rio. Nestes lugares, elas surgiam como único tipo de embarcação conhecido, só desaparecendo, ou antes, só existindo com as de pau inteiriço, escavado a fogo, machado e enxó, onde a navegação se faz sem obstáculo, como ocorre em todo o curso inferior, depois da barra do Aripuana e em muitos trechos do curso superior, antes do salto de Santo Antônio. Embora o homem civilizado tenha conseguido, de certa maneira, modificar semelhante situação, o fato não é, por isso, menos significativo.** A construção pouco dispendiosa das canoas de casca permitia que fossem elas abandonadas, sem maior prejuízo, onde quer que se tornassem inúteis. Sabe-

---

* Em *O Extremo Oeste* há uma passagem semelhante sobre os *coureurs de bois*. Cf. nota da p. 62 em *Capítulos de expansão paulista*. Já na versão reescrita deste capítulo o trecho foi suprimido.

** Sérgio Buarque de Holanda, na versão reescrita do capítulo, oferece uma série de novas informações sobre este assunto, adquiridas, provavelmente, por conta de seu cargo como diretor do Museu Paulista – que teria facilitado a ele o contato com mais documentos. Cf. o início do capítulo "O transporte fluvial" no volume *Capítulos de expansão paulista*, p. 247.

-se que os antigos paulistas costumavam largar suas canoas de casca nos maus passos, fabricando-as de novo quando precisavam delas.[2]

Se, apesar de tantas facilidades, não se pode afirmar que os caminhos fluviais fossem os preferidos dos nossos sertanistas, a causa disso deve ligar-se, talvez, a certa incapacidade dos povos de origem ibérica para seu aproveitamento. É conhecida a passagem de Sarmiento, onde se descreve o desdém soberano do gaúcho argentino pelo rio, considerado um obstáculo à livre expansão dos seus movimentos. O neto dos aventureiros peninsulares, que enfrentaram galhardamente todos os riscos da travessia marítima, sente-se como prisioneiro, nos estreitos limites de uma canoa.

Entre nós, o rio também deve ter parecido, em muitas ocasiões, um empecilho, comparável ao das florestas espessas, ao dos pantanais e ao das montanhas. Para as pilhagens do Guairá, poucas vezes se recorreu ao Tietê e ao Paraná. A via predileta era a terrestre, e o Paranapanema só ocasionalmente serviu para a navegação.[3] Nas Minas Gerais, transposta a garganta do Embaú, os rios corriam quase sempre em sentido transversal ao das estradas. Por vezes, o mesmo curso d'água chegava a interpor-se em diversos pontos à passagem do caminhante. Outro tanto sucedia com relação ao caminho das minas dos Goiases, que corresponde grosseiramente ao traçado da atual Estrada de Ferro Mojiana.

Em certos casos, para superar tais obstáculos, era bastante improvisar simples estivas ou pinguelas, fabricadas comumente de um tronco único. A construção de pontes menos toscas era impraticável, fora das zonas habitadas. E mesmo nesses lugares, os estragos frequentemente causados pelas chuvas, pelo gado e também pelas queimadas – se não existissem bons aceiros – tornavam difícil e onerosa sua conservação.

Quando não fossem de grande profundidade, o sertanista contentava-se com vadear muitos desses rios, levando água pelo peito. Onde precisasse vencer corredeiras, itaipavas ou cachoeiras, recorria a processos rudes, mas engenhosos e em que jamais faltava a inventiva fértil de gente longamente acostumada a tais contrariedades. Um dos processos consistia em lançarem-se os homens ao rio, sobre uns molhos – paus presos entre si com cipós.[4] Só assim conseguiam vencer a violência das águas.

Se faltasse arvoredo próprio para a construção de canoas de casca ou madeira inteiriça, o remédio eram as jangadas, que se fabricavam com paus roliços e seriam pouco diferentes das primitivas piperis indígenas. Não escasseiam notícias sobre o emprego desse tipo de embarcação, durante as grandes entradas paulistas. Parece, entretanto, que a tradição de seu uso cedo se perdeu nos rios do Brasil Central, em cujas margens abundavam os paus de canoa, só se mantendo por mais algum tempo nas regiões relativamente despidas do extremo sul.

Consta que durante a entrada de Martim de Sá, em 1597, os homens de sua companhia atravessaram o Paraibuna em feixes de canas atadas por meio de cipós. Exigido talvez pelas circunstâncias, esse sistema de condução não primaria pela comodidade ou rapidez: se dermos crédito ao que informa o relato de Anthony Knivet, a passagem do rio por toda a tropa não se fez em menos de quatro dias, devido às correntezas que a retardaram. Alguns anos mais tarde, o neerlandês Glimmer, que acompanhou outra bandeira, dirigida, esta, à região do alto São Francisco, também pôde assinalar expressamente o emprego de jangadas, para a travessia de um rio que Orville Derby hesita em identificar com o das Mortes.[5]

Em meados do século XVII, na Amazônia, a gente de Antônio Raposo Tavares, depois de caminhar dias inteiros com roupa na cabeça e água pelas barbas, comendo olhos de palma, abandonou-se à correnteza em jangadas e, com semelhantes expedientes, foi dar no Gurupá.[6] Do mesmo meio de transporte serviram-se os companheiros de Fernão Dias Pais, durante a jornada das esmeraldas, a julgar por uma referência do poeta seiscentista Diogo Grasson Tinoco, nas oitavas reproduzidas por Cláudio Manoel da Costa em seu "Fundamento Histórico" ao poema "Vila Rica."[7]

Outro testemunho de como o uso da jangada, hoje relegado quase só ao nosso litoral nordestino, foi corrente entre os antigos paulistas aparece em documentos dos jesuítas castelhanos do sul. Balsas ou jangadas de taquara, desgarradas por uma inesperada enchente do rio Uruguai, denunciam, em 1641, aos missionários, a aproximação dos terríveis "portugueses de San Pablo", para o malogrado assalto do Mbororé. Seu acabamento não podia deixar dúvidas quanto à procedência, pois tudo indicava serem obra de gente mais ladina do que os pobres índios infiéis.

Sessenta anos mais tarde, ainda era usual o emprego desse sistema de embarcação, nas expedições que demandavam certas paragens correspondentes ao território do atual estado do Rio Grande do Sul. Para seu fabrico, começava-se por escolher madeira seca, de espinheiro, destinada às estivas. O comprimento dos três paus com que se fazia a primeira estiva seria de três e meio a quatro metros. Sobre esta, dispunha-se uma segunda estiva de madeira, com travessas, que era amarrada à primeira por meio de cipós. Finalmente, sobre o estrado assim formado, lançavam-se ainda dois paus, que iriam servir de talabardão para os remos. Estes, em número de quatro – dois de cada banda –, eram de voga e fabricavam-se com galhos de espinheiro-branco, vegetal que nunca faltava nas redondezas. Prontas, essas jangadas teriam quase quatro metros de comprido. Para o transporte de seis pessoas, era o quanto bastava, mas podiam ser maiores, conforme o número dos que pretendessem atravessar o rio.[8]

Se é certo que, depois de abandonado no Brasil Central, o uso da jangada ainda persistia nessas áreas sulinas, não se deve atribuir tal fato unicamente ao caráter da vegetação local. A esse devem acrescentar-se outros motivos poderosos, relacionados com algumas peculiaridades hidrográficas da região. É significativo que o marquês de Lavradio, durante a campanha contra os castelhanos no sul – em 1776 –, tivesse cogitado em mandar ao general Böhm paus de jangada, que fizera vir expressamente de Pernambuco, por julgar que nenhum outro tipo de embarcação se acomodaria melhor a certas vias fluviais do continente de são Pedro.[9]

Há notícias de que, também para a travessia do Paraná, os paulistas se serviram muitas vezes de "balsas", especialmente durante as grandes enchentes. Nessas ocasiões, quando as águas se mostravam revoltas e furiosas, passavam por constituir a única embarcação aconselhável.[10] Convém notar, em todo o caso, que a designação "balsa" é mais genérica e, por isso mesmo, mais indecisa do que "jangada", cabendo a transportes fluviais extremamente diversos uns dos outros e variando segundo as épocas ou os lugares. Assim, em alguns documentos jesuíticos, é ela reservada a um sistema de embarcação formado de dois botes unidos entre si e cobertos de uma plataforma encimada, por sua vez, de uma estrutura de madeira ou taquara, cujo aspecto lembra o de uma pequena casa. Nesse abrigo, geralmente forrado por dentro de esteiras de palha e por fora de couro, o mate das missões era levado até Buenos Aires, através do Uruguai ou do Paraná. Os botes que sustentavam a plataforma serviam de flutuadores e a navegação fazia-se ordinariamente a remo.

Pode ter-se ideia de sua importância no comércio e navegação daqueles rios lembrando que o êxodo dos índios do Guairá, acossados pelos mamelucos de São Paulo, já se fizera sobretudo em semelhantes embarcações. Nada menos de setecentas "balsas", sem falar nas canoas isoladas, levando mais de 12 mil indivíduos, teriam descido então o Paraná, por ordem do padre Montoya.

Consta que elas costumavam ser utilizadas, de preferência, onde as correntes impetuosas, os saltos ou as itoupavas não admitiam outro meio de transporte. Nada impede de acreditar que a tais embarcações, menos semelhantes às jangadas do que aos *ajoujos*, empregados até os nossos dias em numerosos cursos d'água do interior do Brasil, se aparentassem as balsas de que se serviram alguns sertanistas, para vencer os terríveis redemoinhos do Paraná.[11] Nada, a não ser a circunstância da construção das balsas jesuíticas já supor certas condições que o sertão ermo dificilmente propicia. Supõe, por exemplo, a existência prévia de botes, que ninguém iria fabricar especialmente com esse fito. Supõe, também, nos embarcadouros, estabelecimentos humanos fixos e povoados de gente industriosa, como parece indicar a alusão feita a revestimento de esteira e couro, artigos que não se improvisam. Onde faltassem semelhantes condições, a construção de simples jangadas bastaria para atender a todas as emergências.

É verdade que o couro, ainda que cru ou mal curado, servia, por si só, para remediar, em muitos lugares, a escassez de madeira adequada à construção das mais toscas embarcações de travessia. As vacarias de boi alçado ou os currais de gado manso forneciam, nesses casos, matéria-prima largamente acessível. Nos campos sulinos, em Mato Grosso, e até nos sertões baianos, mais pobres de madeira e caracterizados pela vegetação xerófila, as *pelotas* prestaram serviços que mais de um viajante teve ocasião de encarecer.

O aparecimento concomitante, e, segundo muitas probabilidades, independente, desse curioso sistema de transporte fluvial, em todas as regiões brasileiras, onde se tornou possível a criação em grande escala de gado, é fato digno de registro e que parece oferecer argumento aos etnólogos empenhados no combate às teorias exageradamente difusionistas. Em seu notável estudo sobre a navegação entre os povos indígenas de nosso continente, Georg Friederici, referindo-se à pelota e ao seu correspondente norte-americano, o *bull-boat* – cuja disseminação geográfica teria coincidido inicialmente com a do bisão –, não hesitou em apontar esse fato como belo exemplo em favor da tese de que a similitude do meio natural ou das

53

O TRANSPORTE
FLUVIAL

.

condições de vida tende a gerar identidade ou similitude de costumes.[12]

Faltam elementos que ajudem a determinar com precisão quando e como teve início o emprego da pelota nas vias fluviais brasileiras – se nasceu de invenções provocadas unicamente por necessidades e possibilidades locais, ou se derivou, ao contrário, de influências exóticas. O certo é que na segunda metade do século XVIII já se assinala seu emprego nas missões do Paraguai que, como se sabe, abrangiam, em parte, territórios atualmente brasileiros.[13]

Um dos modelos mais usuais nos passos dos arroios e rios de nado era preparado com o couro fresco de touro que, depois de franzido em roda, toma a forma de uma grande bacia ou de um cesto arredondado. A abertura da boca era mantida por meio de um travessão de pau e, antes de o passageiro embarcar, colocavam-se no fundo as suas bagagens, que serviriam de lastro. À frente nadava o condutor, levando presa entre os dentes uma tira de couro; uma das extremidades da tira era agarrada pelo viajante, que, com a outra mão, puxava o cavalo pelas rédeas. "A habilidade do passageiro – narra uma testemunha – consiste em conservar o equilíbrio daquela frágil máquina, apesar da agitação que recebe dos movimentos do condutor e do cavalo."

Pode-se imaginar quanto esforço não despenderia um nadador, mesmo adestrado e robusto, para transportar por si só toda essa carga, às vezes pesadíssima. Muitos tinham de abandoná-la ao meio do caminho, desamparando o passageiro com todos os seus trastes. Para fugir a esse inconveniente surgiram outros recursos, como o de estender uma corda entre as duas margens do rio ou o de ligar a embarcação a um cavalo, que efetuava a nado a travessia.

Além desse, empregavam-se durante o século XVIII outros tipos de pelota, diversos no formato e talvez na capacidade ou resistência. Um deles tinha o feitio de um tabuleiro e era fabricado com um couro de vaca, apenas seco e descarnado.

Para isso, abriam-se as reses pelas costas, atavam-se as extremidades da pele com tiras de couro estreitas e amarrava-se a uma dessas extremidades um laço mais comprido, por onde o nadador puxava e guiava a embarcação. O fundo era revestido de um lastro de ramos verdes, sobre os quais se instalavam passageiro e bagagem. O perigo principal oferecido por essas pelotas estava em que se desmanchavam e iam a pique com muita facilidade, após a segunda ou terceira viagem.

Parece que só muito aos poucos começaram a ser introduzidas algumas inovações e aperfeiçoamentos no fabrico de tais embarcações. Assim é que o couro passou a ser amarrado ou cosido a um quadrado de varas; com essa espécie de armação, o conjunto adquiria, aparentemente, maior solidez.

Não se pode afirmar, contudo, que a pelota tivesse chegado a constituir, no Brasil, mais do que um expediente primitivo e precário. O fato de ser portátil e utilizável a qualquer momento era, em realidade, a única vantagem importante que proporcionava. E essa mesma pouco significava na maioria dos casos. Que grandes serviços poderia oferecer, por exemplo, a quem viajasse sem companhia, um meio de condução que para mover-se dependia de nadador experimentado, além do passageiro? Ao lado de semelhante inconveniente, tinha a pelota o de não poder levar senão uma pessoa de cada vez, e essa ia ordinariamente despida, a fim de estar mais preparada para enfrentar qualquer risco. Do *bull-boat* norte-americano sabe-se, ao contrário, que, além de transportar até dois e mesmo três passageiros, podia carregar bagagens num peso total de oito a doze arrobas.

O resultado de tudo isso é que, nos lugares onde o costume de andar a cavalo conseguiu impor-se, ao ponto de suprimir praticamente outros meios de locomoção, tendiam a desaparecer muitos dos obstáculos que perturbam frequentemente a marcha, mesmo aqueles que o recurso às embarcações de couro pretendia superar. O hábito, o gosto e também a vaidade de vencer, neste caso, quaisquer dificuldades ensinaram, aos poucos, que o bom cavaleiro não deve apear-se, sequer para transpor um curso d'água. Assim é que, na província de São Pedro, em meados do século passado,* as pelotas já se iam tornando quase um objeto de curiosidade, digno de rivalizar com as serpentinas e redes de transporte. Se ainda havia quem recorresse aos seus préstimos, seriam principalmente as mulheres e os velhos, ou os que não quisessem expor à umidade alguma carga mais valiosa.[14]

Ao fixar a função que, para os antigos sertanistas, chegaram a ter as canoas de casca e mesmo as jangadas e outras embarcações de emergência, é preciso não obscurecer o papel singularmente importante que coube, em nossa expansão geográfica, às ubás e pirogas de madeira inteiriça. Seu emprego em maior escala foi obstado principalmente pelo muito tempo que consumia o trabalho de derribar, falquejar e escavar certos madeiros. Mas mesmo essa regra não era absoluta, e onde existissem paus apropriados, como a paineira ou a samaumeira, elas chegavam a substituir, muitas vezes, as canoas de casca, inclusive para passagens de rios ou percursos breves. De samaumeira foi a canoa em que a gente do segundo Anhanguera atravessou o rio Grande, a caminho de Goiás, e nada leva à presunção de que constituísse esse um caso isolado. Tratando-se de madeira extremamente leve, é de crer que muitas vezes existissem vantagens – até do ponto de vista da rapidez na construção – em aproveitá-la, de preferência, para o fabrico de tais canoas.

Um fato positivo, em todo o caso, é que, recorrendo à matéria-prima indígena, os primeiros colonos e seus descendentes também mantiveram a técnica de construção naval dos naturais da terra. Não se pode afirmar que, durante a era colonial, o imigrante europeu tenha acrescentado grande

---

* Esta edição preserva as indicações temporais do autor, sendo necessário considerar o século XX como referência a seus escritos. (N. E.)

coisa à arte de navegação interior, tal como já a encontrara, praticada entre o gentio. Não só no fabrico das embarcações, como na mareagem, os usos estabelecidos, antes do advento do homem branco, puderam, assim, sobreviver longamente à subjugação dos antigos moradores. Um desses usos, o dos tripulantes remarem sempre em pé, que foi corrente não só no Brasil, como em todo o continente americano, pertence certamente a tal categoria. Ao tempo de Francisco José de Lacerda e Almeida, que esquadrinhou numerosos cursos d'água brasileiros e africanos, em fins do século XVIII, as canoas paulistas destinadas a viagens prolongadas eram movidas por alguns remeiros, que se punham em pé, a cada lado da embarcação e em sua parte dianteira. O governo das canoas cabia, nesse caso, a dois remeiros, instalados na proa e também em pé. Nisso principalmente se diferençavam elas dos coches africanos, em que todos os remadores iam sentados e de preferência junto à popa; se algum ficava na proa, era para ajudar a ação do leme e informar dos eventuais obstáculos.[15]

É possível que o modelo das canoas utilizadas nas monções do Cuiabá não fosse exclusivamente peculiar à navegação do Tietê, do Pardo, do Paraguai, do Coxim ou do Taquari; que em outras regiões brasileiras mais apartadas, sem excluir o extremo norte, onde todos os caminhos eram fluviais, esse modelo estivesse muito generalizado. Entretanto, a importância que rapidamente ganhou o comércio cuiabano por intermédio de São Paulo e do Tietê fez com que o nome de "paulista" muitas vezes se agregasse a esse tipo de embarcação, onde quer que surgisse. Assim, no ano de 1789, referindo-se às ubás da Amazônia, Gonçalves da Fonseca dizia que eram "semelhantes às que usão os nossos Paulistas". Com esta diferença, que nas ubás, os dois homens a quem competia dirigir a embarcação não se colocavam na proa e sim na popa, de onde, cada qual com seu remo, supriam o ministério do leme.

Cumpre notar que Fonseca se referia especialmente às canoas de maiores proporções, com catorze e mais metros de comprimento, por mais de dois de largura. A tanto não chegariam muitas das que se usavam nas monções paulistas. Entre estas, o tamanho normal era de doze, raras vezes de treze metros de comprido por metro e meio de boca.[16] A relação entre a boca e o comprimento seria, assim, aproximadamente, de um para dez ou mais.

A variedade nas dimensões e sobretudo na largura das canoas parece decorrer antes de diferenças na vegetação do que de qualquer outro motivo. Se é certo, por um lado, que a forma de embarcação ordinariamente adotada nas monções do Cuiabá resultaria ser a mais cômoda para a navegação em cursos d'água pouco volumosos, como o Sanguexuga* ou o Camapuã, e até para a varação nas partes encachoeiradas dos rios, parece indiscutível que ela foi sugerida e imposta, acima de tudo, pelas formas florestais típicas do vale do Tietê.

No comércio do rio Madeira, que alcança extraordinária intensidade entre os anos de 1755 e 1787, utilizavam-se grandes ubás, construídas de um só tronco; tão grandes que, ao seu lado, as canoas paulistas quase fariam o papel de humildes batelões. Martius, durante sua estada na Amazônia, já no segundo decênio do século passado, pôde encontrar, em pleno uso, algumas dessas ubás; levavam, em média, vinte homens de equipagem e carregavam 2 mil a 3 mil arrobas de mercadorias.[17] Tamanha carga exigiria, no comércio de Cuiabá, pela via de São Paulo, nada menos de seis ou sete canoas monóxilas, das que se empregavam durante as monções de povoado. Essa enorme capacidade das embarcações fluviais do extremo norte provém, sem dúvida, das excepcionais possibilidades

---

* Nos textos de Sérgio Buarque de Holanda desta edição, preservou-se a grafia empregada pelo autor em topônimos, inclusive nos casos em que tal grafia varia ao longo da obra.

que oferece a selva amazônica, singularmente opulenta em essências apropriadas para a construção náutica.

O reino vegetal dita, por conseguinte, não só as dimensões como a própria configuração dos barcos, ao mesmo passo em que fornece a matéria de que eles são feitos. Bem menos pródiga do que a do Amazonas, em árvores corpulentas, a floresta do Tietê veio a criar o modelo de canoa peculiar ao comércio das monções e que os cronistas contemporâneos compararam expressivamente a lançadeiras de algodão.

Os mais antigos depoimentos acerca da navegação do Tietê – que já se fazia, embora irregularmente e sem continuidade, muito antes da era das monções e, sem dúvida alguma, antes do advento dos portugueses – mostram bem como esse modelo de embarcação não constituiu invenção caprichosa dos colonos e nem nasceu de súbito, no segundo decênio do século XVIII, com as primeiras expedições fluviais rumo ao sertão do Cuiabá. Um século antes de se iniciarem as expedições, já ele existia seguramente, e tudo leva a supor que, em sua fabricação, o europeu mal terá influído sobre a técnica indígena.

A presença dessas magras canoas em águas do Tietê e do Paraná está positivamente documentada para o ano de 1628, por exemplo, quando da viagem realizada ao Paraguai pelo governador castelhano, d. Luiz de Céspedes Xeria. Em certa paragem, que não deveria ficar muito longe da atual Porto Feliz, em todo caso, abaixo do salto de Itu, os cinquenta índios e os criados do dignitário espanhol passaram todo um mês a fabricar três canoas para a jornada memorável. De um tronco de 17,6 metros de circunferência, fez-se a primeira, com seus 17,5 metros de comprimento por 1,32 metro de boca. Houve, certamente, considerável desperdício de madeira, neste caso, pois de tronco tão volumoso seria lícito esperar maior largura para a embarcação. Mas não seriam frequentes no local esses caules gigantescos, e o hábito de lidar com canoas estreitas já estaria radicado entre os naturais. As outras, que se destinavam a transportar a roupa e a matalotagem dos passageiros, eram ainda mais estreitas, e tinham respectivamente 14,5 metros por 85 centímetros, e 11,1 metros por 77 centímetros.[18]

Intensificando-se a navegação dos rios do planalto, com o descobrimento das jazidas cuiabanas – o que só ocorre a partir do segundo decênio do século XVIII –, não se transformam no essencial as características herdadas da piroga indígena. A assiduidade nas vias fluviais, que conduzem ao sertão longínquo, a necessidade de transportar mercadorias e de resguardá-las durante as viagens, vão, aos poucos, fixando o perfil da canoa usada nas monções, sem no entanto alterar profundamente aquelas mesmas características. Assim é que, embora pouco superiores às primitivas pirogas, sem quilha, sem leme, sem velas, essas canoas já comportam comodidades que denunciam algum progresso: remos à maneira de choupos de espontão, varas com juntas de ferro para subir os rios, cumieiras e cobertas de lona para proteger das chuvas.

Se a relação guardada entre o comprimento e a largura dessas embarcações basta, por si só, para dar uma ideia de seu feitio, cabe acrescentar que para a popa e a proa elas são extremamente agudas, o que reforça a semelhança com as lançadeiras. O casco, de fundo achatado, mede de espessura cinco ou seis centímetros, quando muito. Para aumentar a segurança, costumavam os construtores rematar a borda com uma faixa suplementar de madeira. Chamava-se a essa operação *bordar* a canoa.

Além da madeira para casco e bordadura, consumiam-se na construção peças diferentes, destinadas a bancos, travessas, cumieira, forquilhas e sustentar de cumieira etc. Capazes, muitas vezes, de trezentas e até mais (Martius e Guts Muths falam em quatrocentas) arrobas de carga, sem contar o mantimento dos viajantes, navegavam por tal forma carregadas, principalmente durante as viagens de ida para o Cuiabá, que apenas pouco mais de um palmo de casco emergia da água, pela borda. Tal capacidade é assinalada, sobretudo para fins do século XVIII e princípios do seguinte, quando, após longos decênios de exploração intensa, o número de árvores corpulentas já deveria estar muito reduzido.

É verdade que em 1724, quando essas mesmas explorações se achavam, por assim dizer, apenas em seu início, o governador Rodrigo César de Menezes queixava-se, em carta a el-rei, de que as canoas empregadas no comércio do Cuiabá não carregavam além de cinquenta ou sessenta arrobas, incluindo-se o peso das pessoas embarcadas. É de crer, contudo, que esse cálculo fosse excessivamente moderado, pois apenas dois anos mais tarde, escrevendo já do Cuiabá, para onde se transportara com uma armada de 308 canoas, confessa o mesmo governador que só tinham chegado com vida ao termo da viagem 3 mil pessoas, "havendo muitos falecidos afogados e perdidas várias canoas...".[19] O número total de embarcados teria sido, por conseguinte, muito superior a 3 mil; e se eram 308 canoas da expedição, pode-se afirmar, sem exagero, que cada uma, entre passageiros e tripulantes, levaria, certamente, mais de dez homens.

Um máximo de dez homens, embora sem incluir marinhagem, isto é, piloto, contrapiloto, proeiro e cinco remadores, era quanto admitia cada embarcação pelo ano de 1786, se dermos crédito ao que consta de um relatório escrito nessa data pelo explorador dos campos de Guarapuava e do Igureí, Cândido Xavier de Almeida e Souza.[20] Mas mesmo tal cifra há de parecer bem diminuta a quem examine certos textos anteriores, principalmente de meados do século, onde se assinalam, com frequência, canoas transportando quinze ou dezesseis homens e mais, sem falar na marinhagem. Sabe-se, por exemplo, que na viagem do conde de Azambuja, realizada em 1757, a média dos passageiros conduzidos por cada barco fora de vinte homens, sem contar remeiros e pilotos.[21] Não está excluída, por conseguinte, a hipótese de ter havido na capacidade das canoas uma diminuição constante, já no século XVIII, explicável pelos motivos que acima se indicaram, ou seja, pela míngua de árvores de tamanho adequado, em algumas florestas marginais do rio Tietê ou dos seus afluentes.

A preferência dada para tal fim a essências determinadas, como a peroba ou a ximbouva (tambori), que se cortavam, em geral, durante os meses de junho e julho, explica-se antes pelo diâmetro relativamente grande que atingem seus troncos do que pelo fato de suportarem bem a umidade, virtude essa partilhada no mesmo ou talvez em maior grau por diversas outras espécies de madeira. Essa capacidade de resistência à umidade parece aliás tão decisiva, que chega a compensar por si só certos inconvenientes apresentados pelas mesmas madeiras. É o que ocorre em particular no caso da peroba, sujeita a fender-se com grande facilidade.

A destruição sistemática e progressiva desses gigantes florestais, em extensas áreas, tenderia a criar um problema cada vez mais premente, para o comércio do Cuiabá, se não coincidisse, por um lado, com o esgotamento, também progressivo, das minas de ouro do Brasil Central, e consequente declínio da importância econômica dessa região, e, por outro, com o incremento das viagens terrestres através de Goiás. Cumpria não só descobrir, escolher, derrubar e preparar os troncos, como ainda varar do mato as canoas já prontas, vencendo distâncias intermináveis. Apesar disso, os preços que alcançam tais embarcações, depois de postas no rio, devidamente bordadas, estivadas e encumieiradas, ainda parecem excessivos. No ano de 1769, um simples casco de canoa, sem preparo de qualquer espécie, era vendido pela quantia, então respeitável, de 70 mil-réis a 80 mil-réis e mais.[22] Com a quinta parte dessa soma comprava-se em São Paulo, pela mesma época, um cavalo de carga, com arreios e bruacas... Meio século mais tarde, em 1818, já andava por 150 mil-réis o preço de uma canoa pronta.[23]

A escassez dos paus de canoa e madeiras de construção acentua-se de modo bem sensível durante a aventura trágica do Iguatemi, e a preocupação causada por essa escassez encontra eco em numerosos documentos oficiais do tempo. O sistema das queimadas e roças para a lavoura vinha agravar ainda mais a situação, transformando em campos gerais léguas e léguas de terreno em redor dos sítios povoados. Para encontrar paus de lei e de canoas, saíam os homens pelos braços dos rios, internando-se nos matos meses a fio. De uma povoação – a atual cidade de Piracicaba – sabe-se mesmo que só conseguiu vingar, nos primeiros tempos de seu estabelecimento, depois que os moradores se dedicaram a fabricar e vender canoas, aproveitando para isso as matarias espessas e quase intactas que orlavam seu rio. Foi, segundo parece, com o produto da venda de sete dessas canoas, postas em Araritaguaba, em princípios de 1769, que o primeiro diretor do povoado logrou atender às despesas de conservação, desempenho e aumento dos moradores.[24] Nenhuma outra indústria casava-se aliás tão bem com o caráter rústico de uma região ainda coberta de arvoredo e de onde as canoas, levadas nas águas do Piracicaba e do Tietê, ganhavam fácil acesso ao seu ponto de destino. A presença de um núcleo de povoadores permanentemente instalados no lugar diminuía, além disso, os azares de uma empresa muitas vezes arriscada e nem sempre compensadora. Mas não era possível descansar indefinidamente sobre a suposta eficácia de semelhantes expedientes.

O remédio para uma situação que, só por si, já ameaçava prejudicar os planos de expansão do governo de d. Luiz Antônio, o morgado de Mateus, não escapava ao raciocínio do imaginoso capitão-general. Enquanto faltasse caminho por terra ao Iguatemi, a comunicação regular com as raias do Paraguai castelhano só dependia de estradas fluviais, e estas, para serem largamente percorridas, exigiam embarcações apropriadas e em bom número. Cumpria, assim, substituir o processo de construção naval, herdado diretamente do gentio, por outro mais moderno, mais parcimonioso e, portanto, mais conforme às possibilidades de uma terra já empobrecida de árvores volumosas. Em junho de 1767 confiava d. Luiz ao conde da Cunha, vice-rei do Estado do Brasil, este seu novo e audacioso projeto: "quero dar princípio a fazer barcoens a modo dos que andam no Douro para experimentar se posso conseguir navegar o Rio com eles para me livrar das canoas, para as quais já aparecem poucos paus nos matos, e levão pouca gente, e para fazer barcoens ha muita taboa".[25]

Sua longa assistência no Porto, onde constituíra família, devia ter habituado d. Luiz à fisionomia dos singulares rabelos durienses, sempre ocupados no comércio do *vinho fino*. A forma desses barcões, que se mantém ainda hoje inalterada, adaptava-se admiravelmente às condições do rio Douro, que é um rio de montanha, como o Tietê é um rio de planalto; apenas nas proporções teve de submeter-se, de então para cá, à limitação imposta pelo alvará de 1773, tendente a reduzir os riscos de naufrágio. Até aquela data, cada barcão conduzia setenta, oitenta, até cem pipas de vinho: hoje, segundo parece, não levam mais de cinquenta.[26]

Se por certos traços – fundo achatado, ausência de quilha... – o aspecto desses barcões poderia aparentá-los vagamente às canoas do comércio do Cuiabá, no mais a diferença entre uma e outra era radical. Desde o casco, formado de diversas tábuas superpostas nas bordas, como o dos antigos navios dos vikings, até às velas quadrangulares e também ao aparelho do governo – um longo remo-leme ou espadela, cujo antepassado remoto já se quis identificar em certa gravura egípcia no tempo da XII dinastia –,[27] o rabelo tem uma silhueta tão peculiar e tão tradicionalmente ligada à paisagem portuguesa, onde surgiu, que não é fácil imaginá-lo em águas do Tietê ou do Pardo.

A enorme vantagem que realmente oferece esse barco, sobre as canoas monóxilas, está em que pode ser construído com qualquer tabuado, mesmo os de qualidade inferior, desde que possa conservar-se sem alteração ao contato da água. Ora, madeira, até de primeira ordem e apropriada à construção naval, era coisa que não faltava nas matas paulistas. Embora os navios ou embarcações de quilha só fossem fabricados mais largamente no nosso litoral, a experiência já tinha ensinado quais os paus recomendáveis para esse fim. Em um rol organizado por ordem do capitão-general Antônio Manuel de Melo Castro e Mendonça, o Pilatos, e apenso ao seu anteprojeto de regulamento para a conservação das matas e paus reais de São Paulo, lê-se, por exemplo, que a canela-preta, a peroba, a urucurana davam excelente tabuado para embarcações, ao mesmo tempo que da sua galharia se faziam braços e cavernas para navios. Da folha-larga consta apenas que fornecia madeira ótima. Para mastreação e vergas, nada como o cauvi, o óleo, o vapuan (?), o guanandi, o jataí. Finalmente o sassafraz, a upiuva (?), o araribá, por serem madeiras rijas, mas de pouca espessura, serviam, pelo menos, para algumas miudezas no interior dos barcos.[28] Exceção feita à perobeira, que dá muitas vezes toros com mais de metro e meio de grossura, nenhuma dessas árvores possui tronco de diâmetro suficiente para a confecção de canoas monóxilas, posto que disponham de todos os demais requisitos para a construção naval.

No entanto, apesar das extraordinárias possibilidades que parecia prometer nossa flora, existem motivos para a suspeita de que, mesmo os barcões sugeridos pelo morgado de Mateus, seriam hóspedes por demais delicados e exigentes em um país desprovido de qualquer comodidade. As cachoeiras do Tietê, do Pardo e do Coxim, que muita canoa indígena, ainda quando vazia ou "a meia carga", não enfrentava sem grande risco, deveriam constituir um obstáculo invencível a toda tentativa de introduzir embarcações mais civilizadas.

O primeiro passo para superar tamanhos empecilhos estaria no estabelecimento de condições capazes de garantir um mínimo de segurança à navegação fluvial, concebida segundo padrões do Velho Mundo. O milagre de domesticar estes sertões incultos, começando, se possível, por transformar o áspero Anhembi quase em um comedido rio europeu, não estaria muito longe da imaginação de d. Luiz Antônio, sempre empenhado em fazer mais cômodo o acesso ao seu Iguatemi. Seria necessário, para isso, fixar moradores mais ou menos numerosos, em todas as barras principais e junto aos sítios em que se fazia mais perigosa a navegação. Sem essa providência, tendente a criar escalas fixas, onde os barcos pudessem achar socorro e refresco, as jornadas fluviais, rumo ao sertão remoto, nunca deixariam de ser o que sempre foram, uma empresa para aventureiros audaciosos, mais inclinados à turbulência do que à submissão e ao trabalho construtivo.

Já em 1776,* quando apenas tinha tido tempo de se aprofundar no conhecimento dos negócios do governo, determinara o morgado de Mateus o estabelecimento de uma espécie de arraial permanente na barra do rio Piracicaba, entregando sua direção a Antônio Correia Barbosa. O sistema de povoamento, concebido aqui segundo velha tradição portuguesa, consistia em agremiarem-se numa aparência de vida civil os criminosos e vadios de toda sorte, que então infestavam a capitania. Com a assistência desse pobre material humano, contava a administração colonial lançar as sementes de um plano soberbo e que teria por objetivo converter o Tietê em uma verdadeira linha estratégica para a ocupação mais efetiva do Oeste e do Sudoeste, ainda mal seguros nas mãos dos portugueses. Tratava-se, nem mais nem menos, de corrigir vigorosamente as condições naturais do país, mudando os mais graves obstáculos à penetração e à civilização em verdadeiros centros de atração para novos moradores.

Dois anos mais tarde, mandava o governador que se passasse um bando por toda a capitania, estabelecendo que se-

---

* Na versão reescrita deste capítulo, o autor corrigiu essa data de 1776 para 1767. Como se sabe, o morgado de Mateus deixou o governo de São Paulo em 1775, portanto é impossível que em 1776 tenha determinado o estabelecimento de qualquer arraial. Cf. "Capítulos reescritos de *Monções*", em *Capítulos de expansão paulista*, nota da p. 285.

riam doadas sesmarias nas bordas do Tietê a quem as pedisse. Ao mesmo tempo enviava a Antônio Correia Barbosa uma primeira leva de vagabundos, a fim de serem fixados da melhor forma pelas margens do rio. Já agora não se propunha povoar apenas a barra do Piracicaba, a seis ou sete dias de viagem do tradicional porto de embarque das canoas, mas também os sítios do Avanhandava, os do Itapura, e "os mais que forem convenientes para o bem dos povos".

Neste ponto o morgado de Mateus deixara-se levar, em termos, pelas sugestões que do Iguatemi lhe mandara o fundador da praça, João Martins de Barros. Em carta datada de outubro de 1767, o valente ituano chegara mesmo a propor que se transferissem respectivamente para o salto de Avanhandava e para o de Itapura as novas povoações de Woutucatu e de Faxina. Se assim se fizer – ponderava ele – "ficarão os Povoadores arrumados, os Cuiabanos socorridos, e este lugar tão facilitado, que canoinhas de duas pessoas podião andar sem susto e darem as mãos uns aos outros em qualquer ocasião e tempo...".[29] A iniciativa proposta, se viável, viria a ter, sem dúvida, outras consequências de enorme importância, dilatando até às barrancas do Paraná a área regularmente povoada da capitania, que nessa direção só alcançara a muito custo o porto de Araritaguaba, distante menos de cinco léguas de Itu.

Entretanto, os primeiros entusiasmos do governador logo arrefeceram à notícia das dificuldades sem conta que iam encontrando seus auxiliares. A gente de que ele dispunha era escassa para tão extraordinário empreendimento, e a situação no sul do país ia de mal a pior, em face da crescente ameaça castelhana, reclamando cautela crescente e consumindo, aos poucos, todos os elementos dos quais seria lícito esperar alguma utilidade e proveito. Além disso, faltavam, precisamente às nesgas de sertão que mais convinha povoar, condições favoráveis a um engrandecimento rápido, pois em lugares tão rudes e apartados dos centros de consumo a lavoura não poderia constituir ocupação muito sedutora.

Ao outro grave inconveniente apresentado por esses sítios – o clima notoriamente hostil e os ares pouco saudáveis, que eram um contínuo espantalho para os colonos –, d. Luiz Antônio tratara, no primeiro momento, de fechar os olhos, só aceitando de bom grado informações que procurassem ir ao encontro do programa anteriormente traçado. "Em quanto ao passo do Avanhandava" – dizia em uma das suas cartas – "me tenho informado que o Lugar pestilento e doentio hé só onde faz inundação, porém que tem Campos Saudaveis, e aprazíveis, em que Se pode formar a Povoação, ou mais além, ou mais abaixo hade haver Sitio acomodado para a dita Povoação; e pouco mais ou menos já sei quem hade ser o que hade ir a essa deligência e os Carijós se farão conduzir de outra parte, visto já não os haver por essa vesinhança."[30] Não se justificou, entretanto, o otimismo do capitão-general. Entre as povoações que projetara, somente uma, Piracicaba, chegou a tornar-se realidade, e mesmo essa teve de ser fundada não na barra do rio, mas quase onze léguas acima, onde os colonos foram encontrar terra generosa, águas mais fartas de pescado, ares mais sadios, e um núcleo de roceiros já estabelecidos de longa data. A viabilidade dos outros povoados, que se destinavam a facilitar o trânsito fluvial, não poderia apoiar-se em condições semelhantes; dependia exatamente da frequência desse mesmo trânsito.

Seria indispensável, pois, que um motivo poderoso, vindo de fora, alimentasse de modo duradouro a navegação. Ora, o Cuiabá, cujas minas se achavam aliás em franca decadência, desde a primeira metade do século XVIII, já não precisava dos rios – principalmente os rios da bacia Platina – para se comunicar com as terras da marinha, e a empresa do Iguatemi, animada pela caprichosa vaidade dos governos, estava em vésperas de arruinar-se. À ambição de povoar ermos em todos os maus passos do Tietê, esse rio que, segundo a descrição do brigadeiro José Custódio de Sá e Faria, "bem se pode dizer que todo ele é uma contínua cachoeira", faltavam, pois, fundamentos sólidos e perduráveis. Só assim a memória do morgado de Mateus, tão devoto dos apelidos da própria família e da Senhora dos Prazeres, deixou de perpetuar-se na toponímia paulista.

Não morreu logo, porém, o sonho magnífico de d. Luiz Antônio. Alguns anos mais tarde, quando governava São Paulo o capitão-general Antônio Manuel de Melo Castro e Mendonça, novamente se cogitou no povoamento "de toda a extensão do rio Tietê", assim como das margens orientais do Paraná. O objetivo, ainda desta vez, era socorrer os viajantes que se destinassem a Cuiabá e Mato Grosso, facilitar as diligências do Real Serviço e promover a pronta e eficaz comunicação com as fronteiras "quando se restabelecessem em segurança do Estado".

Encarregou-se de traçar o plano dos novos estabelecimentos um paulista largamente experimentado na milícia dos sertões, o tenente-coronel Cândido Xavier de Almeida e Souza. A primeira povoação a ser fundada, de acordo com esse plano, ficaria em Potunduva, onde se instalariam casais de povoadores, providos de gêneros de subsistência por seis meses, ferramentas de lavrar a terra e algumas cabeças de gado. Para a propagação dos vacuns e cavalares não existiam ali perto os famosos campos de Araraquara? Através dessa extensa planície seria fácil, certamente, abrir comunicação breve com a freguesia de Piracicaba.

O problema do povoamento das áreas circunvizinhas dos dois maiores saltos do Tietê, que já tinha chamado a atenção do morgado de Mateus, não poderia deixar de fazer parte do projeto de Cândido Xavier. No Avanhandava, o estabelecimento de um núcleo de moradores, dispondo de bois de tração e carros, facilitaria grandemente as varações, permitindo, ao mesmo tempo, considerável economia de pessoal das canoas que costumava ser empregado nesses serviços.

Idênticas vantagens ofereceria o povoamento da região do Itapura, de preferência na margem meridional do rio, onde os moradores poderiam resguardar-se melhor dos assaltos do gentio caiapó, traiçoeiro de natureza, e que no tempo seco passava frequentemente o Paraná no salto de Urubupungá e dirigia-se para aquele sítio.

Aprovado e realizado o projeto de fundação dos povoados, seria necessário abrir comunicação por terra entre eles, aproveitando para isso os terrenos planos que margeiam o Tietê.

Uma quarta povoação seria estabelecida a pouca distância do rio Paraná e fronteira à boca do Pardo, utilizado ordinariamente na navegação para Cuiabá e minas de Mato Grosso. A esse lugar ia ter a estrada que, nos tempos de d. Luiz Antônio de Souza, abrira o então capitão-mor de Sorocaba, José de Almeida Leme – ou reabrira se, como parece, era a mesma picada que tinha feito Luiz Pedroso de Barros meio século antes.[31] Ainda no ano de 1783 eram visíveis os sinais de derrubadas e queimadas, ao longo do antigo caminho, que ligava as bordas do rio Paraná a Sorocaba e, através de Sorocaba, à cidade de São Paulo. Um decênio mais tarde, na carta corográfica atribuída a João da Costa Ferreira, já não se faz menção de sua existência – assinalada anteriormente no mapa de Sá e Faria –, e os terrenos por onde se projetara lá aparecem sob o letreiro, que haveria de perdurar para a mesma região até o começo do século atual: "Sertão Desconhecido".

Era esse o caminho que, de acordo com o plano, seria novamente desembaraçado em toda a sua extensão, para maior comodidade dos comerciantes e expedicionários destinados ao Brasil Central. A povoação deveria erigir-se em sítio suficientemente retirado do rio, a fim de se evitarem as epidemias que nas ocasiões de enchente assolavam essas paragens.

Para a cabal execução do programa, propunha-se seu autor deixar feitas, ele próprio, as roças para dois alqueires de pés de milho, nos lugares que prometessem melhor fruto, contanto que o capitão-general fosse servido expedir os povoadores no mesmo ano (1800) e ainda em tempo de queimar e plantar, o que se costumava fazer antes de dezembro.

O projeto de Cândido Xavier divergia do que pretendera realizar d. Luiz Antônio principalmente no critério proposto para a seleção dos povoadores. A seu ver, estes deveriam ser recrutados não somente entre os indivíduos desocupados ou facinorosos, que perturbavam a tranquilidade pública nos lugares habitados, mas entre gente ordeira, trabalhadora, dotada de alguns meios e de trato urbano e civil. Pensava mesmo que o atraso das colônias portuguesas resultava do antigo erro de serem povoadas apenas de homens indigentes, degredados e foragidos, sem cabedal, nem abonos, nem crédito, que pudessem cooperar para o aumento dos lugares onde residiam.

Para se chegar a esse resultado bastaria, em sua opinião, incumbir da direção de cada um dos núcleos algum dos numerosos oficiais de milícias existentes na capitania e que não tinham onde empregar seu tempo e seus recursos. As quatro povoações citadas e mais três, que se fundariam junto à margem do Paraná, ao sul da barra do rio Pardo, dependeriam, além disso, de um capelão, para a administração dos sacramentos.[32]

Não consta que os planos do tenente-coronel Cândido Xavier tivessem merecido mais vivo interesse do que os do morgado de Mateus. A transferência de número apreciável de colonos para aqueles sítios, notoriamente doentios, separados por um território imenso e ermo da área do Porto Feliz e Piracicaba, que eram então boca do sertão, seria dificilmente praticável durante a época das monções. Mais tarde, quando o caminho fluvial para o Cuiabá já estava abandonado, ou quase abandonado, é que, em parte para reanimá-lo, se cuidou em fixar núcleos de moradores nas margens do Tietê, em pontos onde a navegação se tornava mais penosa.

Quando afinal, em 1856 e 1858, se efetuaram as primeiras tentativas para o povoamento das terras do Itapura e do Avanhandava, mediante a fundação de colônias militares, foi a carência de boas comunicações, mais talvez do que a apregoada insalubridade dos lugares escolhidos, o que condenou as mesmas tentativas ao malogro. Alguns relatórios de presidentes da província do tempo da Monarquia, principalmente do conde de Parnaíba, poderiam servir para documentar esse fato. Nascidos dos mesmos motivos que já tinham aconselhado sua fundação quase um século antes, ou seja, a necessidade de facilitar o trânsito para o interior do país, esses estabelecimentos estavam longe de corresponder às esperanças depositadas em seu futuro. A navegação fluvial já não oferecia poderoso atrativo aos homens do planalto e, mesmo durante a Guerra do Paraguai, a vantagem estratégica das duas colônias militares não conseguiu impor-se de forma a patentear a necessidade absoluta de sua manutenção.[*]

---

[*] A parte final deste capítulo (pp. 66-72) é muito semelhante a um trecho da versão reescrita. As mudanças feitas por Sérgio Buarque de Holanda são, em geral, estilísticas. Cf. pp. 279-92 de *Capítulos de expansão paulista*.

3
Ouro *

·

A HISTÓRIA DAS MONÇÕES DO CUIABÁ é, de certa forma, um pro-longamento da história das bandeiras paulistas, em sua expansão para o Brasil Central. * * Desde 1622, numerosos grupos armados procedentes de São Paulo, Parnaíba, Sorocaba e Itu trilharam constantemente terras hoje mato-grossenses, preando índios ou assolando povoações de castelhanos. Em 1648, Raposo Tavares atravessa a região da Vacaria, sob o Paraguai, para ganhar depois os rios da bacia Amazônica. Luiz Pedroso Xavier, como, antes dele, Antônio Castanho da Silva, vai morrer entre os índios das cordilheiras peruanas. Manoel de Campos Bicudo chega a penetrar 24 vezes a área entre o

---

* Este capítulo não chegou a ser reescrito, porém é muito semelhante ao capítulo 9 de *Caminhos e fronteiras*, "Frotas de comércio". Naquele livro há mesmo uma nota, logo no título, que remete o leitor a *Monções*. Neste capítulo, a proximidade entre os dois livros é bastante evidente.

* * No prefácio a *Caminhos e fronteiras*, Sérgio Buarque de Holanda afirmou ter escrito a maior parte deste livro ao mesmo tempo que escrevia *Monções*, o que fica evidente quando os textos são comparados. Em *Caminhos e fronteiras* , op. cit., pp. 135-6, aparece o seguinte: "As monções representam, em realidade, uma das expressões nítidas daquela força expansiva que parece ter sido uma constante histórica da gente paulista e que se revelara, mais remotamente, nas bandeiras. [...] as monções se entroncam na história das bandeiras e passam a constituir, de certo modo, seu prolongamento".

Paraná e o Paraguai. Antônio Ferraz de Araújo e Manoel de Frias descem em 1690 o Tietê, alcançam as missões dos chiquitos, ameaçam Santa Cruz de la Sierra e são finalmente derrotados, salvando-se com vida, segundo testemunhos jesuíticos, apenas seis homens de sua bandeira.[1]

O próprio rio Cuiabá, percorreu-o Antônio Pires de Campos, não em busca de ouro, mas do gentio coxiponé, que vivia nas suas beiradas. Foi o primeiro descendente de europeus a atingir essas remotas paragens, conforme consta da relação escrita por José Barbosa de Sá.[2] O segundo foi Pascoal Moreira Cabral, que, junto à barra do Coxipó-Mirim, encontrou, em 1718, granitos de ouro cravados pelos barrancos. Daqui subiu o rio até ao lugar depois chamado Forquilha, onde teria aprisionado índios, com mostras de ouro nos botoques e em outros enfeites.

Reunindo-se então aos companheiros, formaram arraial no sítio em que mais tarde se erigiria a Capela de São Gonçalo. Como não tivessem outro instrumento de minerar, além dos pratos de pau, de que se serviam para as refeições, cavavam a terra com as próprias mãos e desse modo não faltou quem colhesse até duzentas oitavas de ouro. Enquanto passavam os dias a arranchar-se nas margens do Cuiabá e do Coxipó, fazendo suas casas e lavouras de mantimento, chegaram socorros ao arraial, com a bandeira dos irmãos Antunes, de Sorocaba, que se uniu aos descobridores. É o que se lê na crônica de Barbosa de Sá: contudo, segundo Pedro Taques, os Antunes, ou pelo menos Antônio Antunes Maciel, já faziam parte da bandeira de Pascoal Moreira Cabral.

Os trabalhos eram extremamente penosos e a resistência dos índios vinha agravar cada vez mais as condições do nascente arraial e de seus moradores, já faltos de armas, pólvora e chumbo. Numa avançada que fizeram estes, houve forte peleja com o gentio contrário, ficando cinco dos sertanistas mortos, além de catorze feridos, e tão maltratados que foram conduzidos em redes para o arraial. O êxito dos esforços de Pascoal Moreira e seus associados teria sido difícil, neste transe, se não surgisse a bandeira de Fernando Dias Falcão, com seus 130 homens de guerra e recursos de toda espécie para a mineração e conquista do gentio. Graças a esse auxílio providencial, ficaram remediados os mineiros, que já se viam sentenciados à morte pelos índios bravios. *

Acomodada a situação, fizeram-se as necessárias consultas, e assentou-se a ida de Antônio Antunes Maciel a São Paulo, a fim de levar amostras de ouro, dos novos descobertos e, de regresso, trazer as ordens necessárias ao bem comum e ao serviço de Sua Majestade. Pela mesma ocasião, foi eleito Pascoal Moreira Cabral para o posto de guarda-mor das minas, até segunda ordem, podendo guardar todos os ribeiros de ouro, fazer as socavações e exames necessários e assegurar a paz e boa ordem entre os moradores.

Em São Paulo, nas Minas Gerais, no litoral, tamanho foi o alvoroço causado pela notícia do descobrimento que – diz o cronista – "se aballarão muitas gentes deixando cazas, fazendas, mulheres e filhos botando-se para estes Sertoens como se fora a terra da promissão ou o Parahyso incoberto em que Deus pos nossos primeiros paes".[3]

Ao espírito de iniciativa, à longa experiência e aos largos haveres de Fernando Dias Falcão, devem-se, tanto ou mais do que a Pascoal Moreira, os primeiros resultados felizes de uma empresa destinada a dilatar notavelmente os domínios portugueses na América. Tendo regressado a São Paulo, talvez em companhia de Antônio Antunes, o valente parnaibano apressou-se em organizar, à sua custa, uma nova monção, que, meses depois, ainda em 1719, seguia com destino ao rio Coxipó, conduzindo os elementos indispensáveis à exploração das riquezas encontradas. Levava ferreiros, carpinteiros, alfaiates, e tudo quanto parecesse necessário ao aumento do arraial. Além das excessivas despesas em que teve de empenhar-se

---

* A expedição de Pascoal Moreira também é mencionada em *Caminhos e fronteiras*, op. cit., pp. 140-1.

para a compra e transporte de imensa bagagem – só de pólvora iam seis arrobas, que, em moeda da época, custaram 64 mil--réis –, emprestou somas avultadas a muitos companheiros, entre os quais se citam: Braz Mendes Pais, Gabriel Antunes, José Pompeu, Antônio Antunes e outros.

Não admira se, depois de regressar ao arraial sertanejo, Fernando Dias Falcão foi eleito cabo maior dos mineiros, conservando Pascoal Moreira o título de guarda-mor.* No exercício desse posto, parece ter agido a contento, pois o próprio descobridor, colocado agora em segundo plano, diria mais tarde do parnaibano que soube agir "catolicamente", acomodando os habitantes e conservando o povo unido. A todos patenteava-se a prosperidade do estabelecimento e é significativo que, voltando a São Paulo no ano de 1723, o mesmo Falcão pagasse de quintos à Fazenda Real doze libras e 84 oitavas de ouro.[4]

O afluxo de aventureiros para o novo estabelecimento tornava-se cada dia mais intenso e, apesar dos extraordinários riscos oferecidos pela viagem, os rios que levavam ao sertão cuiabano encheram-se de canoas. Estas, partindo de Araritaguaba, seguiam o rumo traçado pelas bandeiras seiscentistas. Houve comboio, saído em 1720, em que todos pereceram. Os que vieram mais tarde encontraram as fazendas podres nas canoas e, pelos barrancos do rio, corpos mortos de viajantes. Correu esse ano de 1720 sem que chegasse viva alma ao arraial do Coxipó, embora inúmeras pessoas tivessem embarcado no Tietê com esse destino. Dos que chegaram em 1721, escapando à morte, alguns tinham perdido amigos, escravos e bagagem. Conta-se de um, o capitão José

---

* Em *Caminhos e fronteiras*, op. cit., p. 141, este trecho aparece da seguinte forma: "De regresso ao arraial, Dias Falcão viu-se eleito cabo maior dos mineiros, conservando Pascoal Moreira o posto de guarda-mor, para o qual fora anteriormente escolhido. Colocado assim em segundo plano, o descobridor não deixou, mais tarde, de reconhecer os grandes méritos de Falcão quando alegou que este soubera agir 'catolicamente', acomodando os habitantes e conservando o povo unido".

Pires de Almeida, que chegou a dar um mulatinho, que tinha em conta de filho, por um simples peixe pacu. Só assim pôde conservar a vida, pois perdera toda a escravatura e o mais que consigo trazia.

Esses contínuos desbaratos foram até certo ponto compensados pelo desenvolvimento que iam tendo as pesquisas auríferas ao redor do arraial. Um feliz acaso revelou aos aventureiros as riquíssimas aluviões do sítio onde hoje se ergue a cidade de Cuiabá. O extraordinário acontecimento é narrado pelos cronistas da maneira seguinte. Em outubro de 1722, o sorocabano Miguel Sutil foi a esse sítio, onde tinha principiado uma roça de mantimentos. Chegado, fez as plantações e mandou dois índios com machados e cabaças à procura de mel-de-pau. Alta noite voltaram eles ao rancho, sem trazer uma só gota de mel.* Às palavras irritadas que, por esse motivo, lhes dirigiu o Sutil, replicou o mais ladino:

– Vós viestes buscar ouro ou mel? – e metendo a mão no seu jaleco de baeta, tirou um embrulho feito com folhas. Ali estavam 23 granitos de ouro, que pesaram 120 oitavas.

Na madrugada seguinte, guiados pelos dois índios meleiros, seguiam Sutil, um seu companheiro e os escravos, para o lugar onde, à flor da terra, reluzia o metal precioso. Depois de trabalharem ali o dia inteiro, recolheram-se ao rancho o Sutil com meia arroba de ouro e seu camarada com seiscentas oitavas.

A divulgação do fato foi quase imediata, não obstante todas as precauções tomadas pelos descobridores, e acarretou o despovoamento rápido do arraial do Coxipó. Toda gente dirigiu-

---

* O episódio da descoberta das *lavras do Sutil* também aparece em *Caminhos e fronteiras*, op. cit., p. 142, de forma semelhante a esta parte de *Monções*: "Em outubro de 1722, o sorocabano Miguel Sutil dirigira-se a esse sítio, onde tinha dado princípio a uma roça de mantimentos. Chegado, fez as plantações e mandou dois índios com machados e cabaças à procura de mel-de-pau. Alta noite voltaram eles ao rancho, sem trazer uma só gota de mel. Às palavras irritadas com que os recebeu Sutil, replicou logo o mais ladino: 'Viestes buscar ouro ou mel?', e metendo a mão no seu jaleco de baeta, tirou um embrulho feito de folhas. Ali estavam 23 granates de ouro que, pesados, representaram 120 oitavas".

-se ao local do descoberto e em pouco tempo abatia-se o mato cerrado, que encobria essas deslumbradoras *lavras do Sutil*, formando-se em seu lugar um arraial novo.

Ao cabo de um mês de trabalho, as minas do Senhor Bom Jesus do Cuiabá – nome da igreja que ali se fabricou – tinham fornecido mais de quatrocentas arrobas de metal, sem que as socavas se tivessem aprofundado muito mais de meio metro.

Determinou logo Pascoal Moreira a arrecadação do tributo real por *bateias* – ou seja, por escravo ou administrado que as utilizasse –, tal como se praticara nas Minas Gerais, antes de vigorar o regime das fintas instituídas por d. Braz Baltazar da Silveira. A cobrança por bateia, que encontrava apoio na Corte, fora julgada a mais conveniente em junta celebrada em São Paulo com o ouvidor da capitania, oficiais das câmaras daquela cidade e das vilas de Sorocaba e Itu. Fora, além disso, preconizada pelo capitão-general Rodrigo César de Menezes como sendo o método mais útil ao Real Serviço e o mais suave aos mineiros.[5] Em realidade, a contribuição "voluntária" que se estipulou em Cuiabá – duas oitavas e meia anualmente, para cada pessoa que trabalhasse na mineração – estava longe de ser excessiva, se comparada ao que era pago em Minas Gerais pela mesma época. Apuraram-se, ao todo, quatro arrobas de ouro, que foram imediatamente encaminhadas à provedoria da cidade de São Paulo. Pode-se crer que teria sido muito mais considerável o rendimento da Coroa, se o modo de tributar o ouro fosse rigorosamente o dos quintos, porque, segundo afirmou um autor setecentista, quando as minas são ricas, o sistema de captação "é só útil aos povos".[6]

Seja como for, a notícia do achado das minas do Cuiabá, levada a São Paulo pelo portador das quatro arrobas de ouro, produziu alvoroço geral na população. A fama das lavras cuiabanas logo chegaria "thé os fins do Orbe, passando os Limites do Brazil a Portugal e daly aos Reynos extrangeiros".[7] Corriam coisas prodigiosas acerca da riqueza sem par daqueles sertões. Dizia-se, por exemplo, que, à falta de chumbo, eram empregados granitos de ouro nas espingardas de caça; que eram de ouro as pedras onde se punham as panelas nos fogões...

As centenas de paulistas e adventícios – "frausteiros" ou emboabas – que chegavam continuamente ao arraial cuiabano embaraçavam, no entanto, e cada vez mais, a ação do velho guarda-mor Pascoal Moreira, com notório prejuízo da justiça e do fisco. Vivia aquele povo entregue inteiramente às suas paixões, sem forma alguma de ordem política e de governo econômico, embora se tivesse ensaiado entre eles uma espécie de senado, onde tomavam parte o guarda-mor, um escrivão, o meirinho e doze colatários eleitos, com o pomposo título de deputados.

O predomínio de certas parcialidades e grupos, as tiranias irresponsáveis de algum potentado da espécie dos terríveis irmãos Leme, que já estavam desaparecidos, depois de dois anos de assistência nesses sertões,[8] seriam certamente mais típicos das condições do arraial do que o arremedo de governo civil, representado pelo senado dos doze deputados. Entre os abusos que constantemente se cometiam, contam-se casos como o de certo indivíduo que, tendo comprado um jaú aos pescadores do porto geral, por uma quarta de ouro, cortou-o em postas, foi vendê-las nas lavras, sem pagar os reais direitos pelo negócio, e ganhou meia libra. Diz-se de outro que comprou uma abóbora por quatro oitavas de ouro, cozinhou-a em um tacho, fazendo uma espécie de quibebe, repartiu-a em pratos, e vendeu tudo aos tapanhunos por quinze oitavas.

É na crônica já citada de Barbosa de Sá que vamos encontrar um relato minucioso do padecimento desses primeiros cuiabanos, agravado agora pela penúria de víveres. Os gêneros que em 1723 chegaram de São Paulo estavam quase todos deteriorados, devido ao mau acondicionamento nas canoas. Os moradores, além disso, com a clássica imprevidência do sertanejo, tinham empregado a maior parte de sua escravatura nas lavras de ouro, descuidando-se das lavouras de mantimento.

A consequência foi que, nos meses de maio e junho, quando costumam quebrar-se as espigas, o milho colhido não chegou para o sustento dos habitantes. A mandioca, se plantada logo depois de descoberta as lavras do Sutil, o que é bem duvidoso, ainda não estaria, por sua vez, em condições de produzir. Assim, a caça e, um pouco menos, a pesca tornaram-se recurso ordinário e obrigatório de quem quisesse sobreviver.

É evidente que essa comunidade de 3 mil ou 4 mil homens, concentrados em uma breve faixa de terra que as aluviões auríferas delimitavam, apartada dos povoados paulistas por uma áspera navegação, em que se gastava mais tempo do que de Lisboa ao Rio de Janeiro, não poderia perdurar longamente sem base econômica segura. Uma existência de índios coletores e caçadores, que era a rigor a que suportariam agora os moradores do arraial, só se pode conceber em espaços consideráveis e só se concilia com um gênero de vida andejo e inconstante. A fixação definitiva, em tais distâncias, de aventureiros instáveis, acostumados de longa data à atividade errante de preadores de índios bravos, não se podia fazer senão paulatinamente, e na medida em que se fossem criando ali condições capazes de admitir certa sedentariedade.

Até então, toda a lavoura local resumira-se em algumas roças de milho, feijão, abóbora, banana e talvez mandioca. A cana-de-açúcar não era hóspede que as administrações coloniais vissem com bons olhos perto de lavras auríferas, e inúmeras foram as medidas adotadas, ao menos no papel, para evitar sua propagação em tais sítios. Um motivo aparentemente plausível existia para tais medidas: o receio de que com os canaviais surgissem os engenhos de aguardente. E estes, segundo palavras de Rodrigo César de Menezes, que governava a capitania, eram "a principal causa de muitas desordens, além de ser a perdição dos negros".[9]

Nada impediu, porém, que mais tarde, em 1728, e quase sob as vistas do capitão-general, começassem a crescer as canas em Cuiabá, e que em 1729 já se destilasse e vendesse

1. "Retrato de Sérgio Buarque de Holanda", 1973, óleo sobre tela de Antônio Lúcio Pegoraro.

19/iii/63

Meu caro Amigo e Venerado Mestre,

Muito sensibilizado fico pela sua bondosa carta do 12 deste com as palavras lisonjeiras acerca do meu _Golden Age_. Muito me ufano com tais, porque não há autoridade na história do Brasil colonial melhor do que o autor do livro _Monções_ — de que aliás, já fiz grande uso, e com a devida venia, como terá visto.

Ouvi dizer (no verão passado) do senhor Geyerhahn da livraria Kosmos que o Pau de Almeida Prado tinha que vender a sua biblioteca, mas não sabia para quem. Ainda bem que foi comprado pelo seu Instituto e lá fica em São Paulo, onde ele pode consultá-lo a todo tempo para matar saudades (pelo menos em parte). Claro é que eu gostaria de qualquer ocasião de matar as minhas saudades das terras bragquinicas dos Bandeirantes e Emboabas, além de consultar esta famigerada biblioteca mais uma vez. Não sou profeta, e o futuro a Deus pertence, mas talvez será possível arranjar uma viagenzinha por lá no ano de 1963/64. Tenho que fazer uma edição inglesa, comentada, do livro de Antonil, _Cultura e Opulência_, socorrendo-me com o exemplar do Museu Britânico aqui.

2 e 3. "Meu caro amigo e venerado mestre", assim Charles Boxer começa sua carta de 19 de março de 1963 a Sérgio Buarque de Holanda comentando _Monções_.

O Chateaubriand me prometeu patrocinar o ~~assunto~~ *assunto acima citado*
e assim talvez será possível arranjar uma visita
rápida aos arquivos do Rio de Janeiro, Minas, São
Paulo e Bahia com ajuda dele, da Liberdade
de ~~Padrões~~ Históricos D. Pedro II, e Nossa Senhora
da Boa Viagem. Vamos a vê. No entanto,
tenho ainda o seu exemplar da Obra de Carnaxide,
O Brasil na Administração Pombalina, porque não
appareceu outro no mercado até agora. Parece que
torna-se mais raro do que a 1ª edição do Antonil!
Do nossa Monsa da Rua São Bento, nem palavra!!
Com muitas lembranças para os ~~colegas~~ e colegas, e
com um grande abraço para si do seu maior admirador
e menos escravo, Dioguo do carqo

First fold here

PAR AVION
EY AIR MAIL
AIR LETTER
AEROGRAMME

Exmo Sr. Sérgio Buarque de Holanda
35, Rua Buri, 35
Pacaembú
São Paulo (Capital)
BRASIL

AN AIR LETTER SHOULD NOT CONTAIN ANY
ENCLOSURE; IF IT DOES IT WILL BE SURCHARGED
OR SENT BY ORDINARY MAIL.

Sender's name and address:

King's College, Strand,
London W.C.2
Inglaterra

4. Charles Ralph Boxer (1904-2000). O historiador inglês foi um dos grandes pesquisadores sobre a história de Portugal, autor de livros como *O império marítimo português: 1415-1825*.

5. Herbert Baldus (1899-1970). O etnólogo alemão foi convidado por Sérgio Buarque de Holanda para trabalhar no Museu Paulista.

> *Herbert Baldus*
>
> São Paulo, 9/4/45
> Escola Livre de Sociologia
> Largo de S. Francisco, 19
>
> Prezado Snr. Dr. Sérgio Buarque de Holanda.
> Li "Monções", aprendi e gostei muito. Agradeço-lhe a gentil remessa.
> Acerca dos Paiaguá (p.184) mencionei diversos trabalhos de etnógrafos modernos na Introdução ao livro de Boggiani: Os Caduveo, recentemente publicado na BIBLIOTECA HISTORICA BRASILEIRA dirigida por Rubens Borba de Moraes. Pode-se acrescentar ainda o artigo de Koch-Grünberg: Der Paradiesgarten als Schnitzmotiv der Payaguá-Indianer, Globus 83, Braunschweig 1903, pp. 117-124.
> Cordialmente
> *Herbert Baldus*

6. Carta de Herbert Baldus de 9 de abril de 1945 a Sérgio Buarque de Holanda agradecendo o envio de *Monções* e comentando sobre os paiaguás.

7. Página do livro *Bandeirismo paulista* (1934), de Alfredo Ellis Júnior, na qual Sérgio Buarque faz um comentário corrigindo o autor: "A bandeira foi ao sertão de Parnahyba, não ao rio Parahyba".

CAPITULO IV

JOÃO PEREIRA DE SOUSA BOTAFOGO

Estudavam-se os documentos referentes ao bandeirismo e ao se falar da bandeira levada ao sertão do rio Parahyba, em 1596, pelo capitão mór João Pereira de Sousa Botafogo, já eu havia dito que, dos laconicos documentos do tempo, claramente se deprehendia ter havido séria lucta entre o capitão mór João Pereira de Sousa Botafogo e o capitão mór Jorge Correia. Em virtude dessa lucta este, por ordem de dom Francisco de Sousa, havia sido suspenso das funcções do cargo de Capitão Mór da Capitania, sendo aquelle galardoado, pelos seus meritos.

Era minha intenção, após haver passado em revista o bandeirismo, apreciado através do prisma da documentação paulista impressa, aprofundar o estudo dessa questão. Eis que me surgiu ás mãos um livrinho: *"Vultos do passado paulista"*, de Ermelino de Leão, membro do Instituto Historico de São Paulo, etc., no qual é tratado, em um de seus capitulos, o assumpto referente á prisão de João Pereira de Sousa Botafogo.

8. Carta de Afonso d'E. Taunay (1876-1958) de 23 de março de 1945 agradecendo e dando parabéns a Sérgio Buarque de Holanda "pelo volume das *Monções*".

— 26 —

Die Balsas sind in erster Linie das Ergebnis der völligen Baumlosigkeit oder Baumarmut weiter Strecken Amerikas. Die reisenden Naturforscher haben uns hierüber oft erzählt: „triste, affreux, d'une nudité repoussante", nennt Lesson die Küsten von Callao und Payta; Poeppig spricht sich ähnlich aus. Aber wir finden Balsas auch in Gegenden, wo die Bedingungen für den Bootbau günstig sind, wir treffen sie Seite an Seite mit den verbesserten Typen der Schiffbaukunst an und sehen stellenweise, dass sie seit der Entdeckung Amerikas an Form und Verbreitung gewonnen haben. Die zahlreichen Jangadas, die noch heute die Küsten und Ströme Brasiliens befahren, stellen gegenüber den kleinen rohen Tupi-Piperis einen Fortschritt dar, und in Perú, Bolivia und Chile hat keine der verschiedenen Balsa-Arten merklich an Bedeutung verloren. Es kommt dies von den mancherlei guten Eigenschaften dieser primitiven Wasserfahrzeuge her, die sie für anspruchslose und abgehärtete Schiffer so wertvoll machen: ihre Billigkeit, Seetüchtigkeit, Tragefähigkeit und Sicherheit als Segler. Besonders für die Entwicklung der Segelschiffahrt ist die Rolle der Balsa nicht zu unterschätzen. Denn was sind die Auslegerboote von Hinter-Indien und Polynesien mehr als verbesserte Balken-Balsas? Unter diesem Gesichtspunkt sind selbst die vorhin erwähnten Jesuiten-Balsas auf dem Paraguay als eine Art Zwischen-Typus zwischen Balken-Balsa und Ausleger-Boot von ethnologischem Interesse.

Das Bull-Boot.

In der Bison-Region Nord-Amerikas und in Süd-Amerika dort, wo das eingeführte europäische Rind zahlreich war, stellte das eigentümliche Rundboot den üblichen Hilfs-Apparat bei Flussübergängen dar. Bull-Boot war sein Name im Norden, Pelota heisst es im lateinischen Amerika. Es ist ein schönes Beispiel für die Tatsache, dass gleiche Natur- und Lebensbedingungen gleiche oder ähnliche Sitten hervorzubringen geneigt sind. Das Bull-Boot Nord-Amerikas erhielt in Süd-Amerika nach Einführung des Rindes sein genaues Gegenstück in der Pelota, während beide schon Tausende von Jahren vorher ihren Vorläufer in dem Rundschiff des Zweistromlandes Vorderasiens gehabt hatten.

Die Verbreitung des Bull-Boots in Nord-Amerika deckte sich ursprünglich offenbar mit der des Bisons; es hat aber im Osten, wo besseres Material für Wasserfahrzeuge zur Verfügung stand, niemals

9. Página do livro *Die Schiffahrt der Indianer* (1907), de Georg Friederici, anotada por Sérgio Buarque de Holanda. A obra é muito citada em *Monções* e também em *Caminhos e fronteiras*.

— 112 —

seguridad le ofresia a dejar en rrehenes a dhos. sus hijos a la dha.
villa de yctuasu donde estava siertto hallaria a la dha. cathalina pi-
ñero de Arrocha su muger en la chacara del dho. melchor de rroxas
dispuesta a salir y venirse a esta provincia. Y que el numero de los
dhos. porttugueses son ciento y ocho que trayan tres banderas cuyos
oficiales nombrados por el dho. franco. pedroso son franco. camargo
alferes mayor Juan de lima capitan Joseph de las nieves su Alferes
Gaspar de godoy capitan y baltasar de godoy su Alferes todos vesinos de san Pablo esepto el dho. franco. de pedroso y que los dhos.
tupis son muy serca de quinientos que los mas de ellos traen esco-
pettas y las manijan con la mes destresa que los portugueses
y algunos que no les traian tienen Alfanjes Arcos y (roto) y todos
son grandes tiradores y estan muy vien armados y exsersitados en la
milisia Por ttener por oficio el exersito de cautivar barvaras naciones de ynfieles y haverlos esclavos llamando los negros de la
ttierra sin diferencia en sus trattos conpras y ventas de los negros
de Angola para cuyo efecto enseñan al manejo de las Armas españo-
las y de fuego a los dhos. tupis y otras naciones que rreconosen con
valor y osadia y tienen marcada todas las tierras Rios y bosques de los
dhos. desiertos desde las amasonas hasta el rrio de la platta. Que
la dha. capitania de san Visente es la mas ynmediata a esta provincia
en cuyo distrito caen na villa de san Pablo que tienen ochocientos ve-
cinos y tres mil hombres blancos de ttomar Armas y quinse mil
yndios la villa de pernayba que tiene ciento y ochenta vesinos con
quinientos blancos de tomar Armas y tres mil yndios. La vidda de
Yctuasu de settenta a ochenta vesinos con mas de docientos Blacos
de tomar Arma y quienientos yndios. La villa de sorocana con quarenta vesinos que tiene sien hombres de Armas y quinientos yndios.
La de sundiay con sinquenta vesinos y ciento de tomar Armas y ducientos y sinquenta yndios — la villa de mogi con sinquenta vesinos
y ciento de Armas y ducientos yndios. La de puertto de santos con
ducientos y sinquenta vesinos y quattrocientos hombres y quinientos
yndios. La isla de San Sevastian quarenta vesinos y siento de Armas
y sien yndios que es la cavesa con sinquenta vesinos e siento de Armas
y sien yndios que hasen quatro mil y seis cientos hombres llanos de
tomar Armas y veinte mil y docientos yndios tanvien de tomar Armas de fuego arco y flechas segun el conputo y sentir de este declarante toda la qual capitania no tiene enemigos ningunos a quien haser
frente y de las demas capitanias de los dhos. estados no esta este
declarante con tanta notisia pero save que todas ellas padesen mu-
cha nobresa aunque tanvien se exersitan en los dhos. sertones las que
estan desde el rrio genero hacia buenos ays. corriendo la costa las
quales son la de la villa de Taguate distante quarenta leguas tierra

10. Página do livro *Bandeirantes no Paraguai* (1949), volume xxxv, toda anotada por
Sérgio Buarque de Holanda.

11 e 12. Ficha sobre "Cavalos e mulas em Cuiabá". É grande o número de fichas do historiador, que costumava organizá-las por temas.

13. Sérgio Buarque de Holanda no Central Park, Nova York, em 1965.

aguardente fabricada na terra. Não se sabe se os malefícios introduzidos por essa indústria terão sido tão graves quanto o fariam esperar os bandos dos governadores. As notícias que nos restam da época, através do único informante que se ocupou destes assuntos, levam a crer o contrário. A aguardente, fonte notória de muitos males, também era remédio eficaz para quase todas as doenças.* Em Cuiabá, pelo menos, teve o dom de sustar a mortandade dos escravos, curar enfermos, dar a outros boas cores, "que thé então tinhão-nas de defuntos", e fazer diminuir as hidropisias e inflamações de barrigas e pernas. Por onde se mostra – conclui Barbosa de Sá – "o quanto aproveitão os engenhos de agoas ardentes nestes certoens principalmente para a conservação dos escravos que trabalhão nos servisos de minerar".

Entretanto, o desequilíbrio, provocado pela intrusão de formas de atividade mais ou menos domésticas e sedentárias, em um sertão ainda mal preparado para recebê-las, não seria corrigido, nos primeiros tempos, apenas com o cultivo do solo. As produções da agricultura exigem aplicação constante, que pode distrair os homens do serviço mais rendoso. O trabalho de plantar, colher, debulhar e pilar o milho para o fubá, a farinha, ou a canjica sempre consome braços que nos desmontes seriam, sem dúvida, mais lucrativos.

A solução ideal parecia estar nos animais de criação, capazes, em alguns casos, de viver quase sem trato e à lei da natureza. Os primeiros chegaram já nas monções de 1723: porcos e galinhas. Só mais tarde seriam também introduzidos o boi e

---

* O tema do uso da aguardente como remédio é desenvolvido em *Caminhos e fronteiras*, em que Sérgio Buarque de Holanda faz um excelente estudo sobre os remédios usados por índios e portugueses nos primeiros anos da colonização. Cf. *Caminhos e fronteiras*, op. cit., p. 113 (para o uso da aguardente): "Onde, porém, nossa terapêutica antiofídica chega a revelar traços bem mais nítidos de influência portuguesa é no largo emprego que dá à aguardente de cana como veículo para toda sorte de medicamentos". Para as diversas doenças e remédios então existentes, vejam-se os capítulos "Botica da natureza" e "Frechas, feras, febres".

o cavalo. Pode-se imaginar que já existissem por volta de 1727, à vista, entre outros textos, do regimento, para registro de entradas que, nesse ano, manda pagar três oitavas "por cabeça de gado e por cavalgadura". Existiam alguns vacuns, já então, no sítio de Domingos Gomes Beliago, à margem direita do Taquari, caminho das minas do Cuiabá, levados, parte "de povoado", isto é, do planalto paulista, em canoas, "com grande trabalho e despeza", e parte por terra.[10]

Barbosa de Sá afirma positivamente que as primeiras vacas surgidas na vila de Cuiabá não foram antes de 1739. É fácil atinar com as razões desse aparecimento tardio, tendo-se em conta o que seria, apesar do exemplo de Beliago, o trabalho de transportar gado em pé nas canoas, através de um sem-número de cachoeiras, desde Araritaguaba até àquelas minas.

Uma tradição, corrente ainda no século passado, pretendia, de resto, que os primeiros bovinos chegados ao Cuiabá seguiram da fazenda de Camapoã, levados por um dos possuidores da mesma, que para isso tivera de atravessar sertões nunca, até então, transitados, orientando-se unicamente por estimativas.[11] É presumível, por outro lado, que os próprios bovinos do Camapoã descendessem do gado alçado da Vacaria, levado por terra através dos cerrados do alto rio Pardo.

A criação e multiplicação do gado, sobretudo do gado vacum, encontraria, aliás, no Cuiabá dos primeiros anos, um obstáculo insuperável. Como desenvolver essa criação em terra onde o sal constituía verdadeiro artigo de luxo, faltando geralmente para consumo dos moradores e, algumas vezes, para os próprios batizados?

Infelizmente, esses bichos serviçais não seriam os únicos que acompanhariam os paulistas às lavras do sertão. Ao lado de porcos e galinhas, e quase pela mesma época, também foram dissimulados entre sacos de mantimento os primeiros ratos caseiros. Sua proliferação tornou-se tão espantosa e nociva que nos faz evocar o exemplo célebre do coelho europeu transplantado à Austrália. Nada mais resistia à faina desses novos invasores, pois destruíam os alimentos, roíam as roupas e inquietavam a todos durante a noite. Para a lavoura chegaram a constituir tremenda praga, acrescentada às muitas que já existiam, de modo que o milho plantado começava a ser devorado por eles antes de nascer; se nascia, destruíam-no os gafanhotos; se crescia, brotava o sabugo sem grãos, e se granava, era devastado pelos pássaros. Conta-se que um casal de gatos, chegado de São Paulo, foi vendido por uma libra de ouro, e as crias por 23 oitavas cada uma.

Outra causa de prejuízos para a lavoura, as estiagens prolongadas também perturbavam, não raro, o ritmo dos serviços de mineração, e o milagre das quatro arrobas do tributo de 1723 deixou de reproduzir-se nos anos imediatos. Alguns meses de seca eram o bastante para deixar inteiramente desamparada a população, e muitos já pensavam, então, em largar esses sertões. Tendo chegado em fins de 1726 a Cuiabá – onde levantou pelourinho –, Rodrigo César de Menezes mandava dizer, no ano seguinte, a el-rei: "Procurei justamente examinar o estado destas Minas e achei estarem da mesma sorte no q'respeitava a haver nellas ouro e a cauza de se não tirar muito tinhão sido as grandes secas, pois havia dous annos q'não chovia hua pinga de agoa, por cujo effeito experimentavão as roças hum grande estrago, plantando-se três vezes no anno, apenas davão a semente q'se plantava na terra, cuja falta havia descorsoado tanto os homens q'não só não fazião a deligencia por novos descobrimentos, mas nem se aproveitavão do q'tinhão e só cuidavão em dezertar, recolhendo-se para as suas cazas...".[12]

Muitos, efetivamente, desertaram, como o próprio Sutil, descobridor das lavras, que, aliás, desde princípios de 1724 já se achava de regresso na sua cidade natal. Fernando Dias Falcão também não terá ficado por muito mais tempo: a partir de 1727 desaparece seu nome das crônicas cuiabanas e vai surgir ulteriormente em Sorocaba.[13] Nesse mesmo ano de 1727 e no seguinte, o êxodo dos moradores de Cuiabá chega a assumir proporções de verdadeira avalanche. Mais de mil pessoas deixam então a vila e ora regressam para o planalto paulista, ora se encaminham para as minas de Goiás, já descobertas e prósperas.

O ouro cuiabano começara a perder muito do prestígio tão rapidamente conquistado. As minas só eram opulentas na superfície e nada se fizera para melhorar os processos empregados em sua exploração, os mesmos que tinham trazido da África os pretos escravos. Durante secas frequentes e demoradas, como aquela cujos efeitos Rodrigo César de Menezes tivera ocasião de testemunhar, o serviço dos veios dos rios, conquanto penoso, ainda era, provavelmente, o que melhor resultado prometia. Para o tratamento das *grupiaras* ou *guapiaras* – depósitos existentes nas vertentes –, também chamado, em Cuiabá, serviço de *batatal*, os mineiros viam-se forçados pela penúria de água a recorrer aos *caxambus*. Juntavam, nesse caso, o cascalho extraído da guapiara em um pequeno monte – o caxambu – e à medida que essas terras auríferas, lançadas do alto, rolavam pelas encostas, desprendiam-se as pedras que facilmente se apartavam. Em seguida lavava-se o cascalho mal "coado" – pois nas pedras sempre ficava muito ouro – em *cuiacá*, isto é, batiam-no em pequenos poços formados junto ao caxambu.

Esses métodos persistiram quase sem alteração nas minas de Cuiabá e, em geral, do território hoje mato-grossense, durante todo o período colonial. Os guindastes ou sarilhos para tirar terra das catas, as bombas para esgotar água e outros instrumentos tendentes a economizar mão de obra, nunca chegariam a naturalizar-se ali. Mesmo as simples rodas de rosário, que tanto se empregavam nas Minas Gerais, e cujos inconvenientes, ainda no século XVIII, foram apontados por José Vieira Couto, jamais penetraram, ao que parece, terras de Mato Grosso. Os trados, levados por Alexandre Rodrigues Ferreira, para a sondagem das minas, não tiveram emprego e ficaram abandonados à ferrugem, talvez por não existir na capitania quem soubesse manejá-los.

É provável que só tardiamente tenham passado os mineiros da exploração das aluviões para a das rochas auríferas: do "ouro de pedra" ou "veeiro de cristal". As dificuldades desse serviço seriam, entretanto, mais consideráveis aqui do que em outras capitanias de minas, porque esses veeiros se apresentavam, em geral, de modo bastante irregular e descontínuo, mal compensando as despesas feitas com a extração. Pouca vantagem ofereceriam, assim, os processos mais aperfeiçoados e os mineiros contentaram-se com a trituração das pedras por meio de *marretas*, antes da lavagem nos bolinetes. Nisso ia, sem dúvida, grande desperdício, porque os resíduos abandonados da trituração quase sempre carregavam consigo partículas de ouro.

Talvez não exagerasse muito o padre José Manuel de Sequeira, autor de uma valiosa memória manuscrita, acerca das minas mato-grossenses, quando, já nos primeiros anos do século passado, afirmou que o mais ignorante da capitania de Minas Gerais sabia melhor dirigir um serviço do que o mais entendido mineiro da capitania de Goiás e que o mais ignorante de Goiás tinha mais conhecimentos da arte de mineirar do que o mais entendido da capitania de Mato Grosso. E tudo isso, explicava, porque os mineiros de Mato Grosso encontram, à primeira vista, ouro mais abundante ou de extração mais fácil, e assim não cuidam em melhorar o serviço, "nem se lembrão de alguma industria com q'em menos tempo fação o m^o q' com dobrado farião e talvez com menos bruços".[14]

Justamente a falta de braços, que foi constante na capitania de Mato Grosso, representava o obstáculo mais sério ao melhor aproveitamento das minas. E esse problema manifestava-se de forma particularmente aguda no Cuiabá dos primeiros tempos, com a inexistência de animais de tiro e carga, pois nas lavras o transporte de água ou terra deveria ser feito unicamente por escravos. E estes não podiam conduzir, cada um e de cada vez, mais de uma arroba de terra, ao passo que um boi conduz sem dificuldade oito e até dez arrobas.

Ao mesmo tempo em que se agrava a situação dos mineiros, crescem as exigências do fisco. O sistema de arrecadação faz-se mais oneroso na medida em que a extração do ouro se torna mais difícil. Em março de 1724, quando as pepitas já não aparecem à flor da terra, quando é preciso revolver formações auríferas em busca do precioso cascalho, institui-se em Cuiabá regulamento novo para os impostos de capitação e de entradas. A taxa lançada sobre cada pessoa que trabalhe nas minas, negro ou índio, passa então de duas e meia a três oitavas de ouro. Além disso, cada venda ou loja passará a pagar onze oitavas e cada oficial de qualquer ofício outro tanto. Os tratantes sem loja assentada pagarão seis oitavas apenas; cada carga de secos ou molhados, duas oitavas e cada negro que entre pela primeira vez, igualmente duas oitavas.

Mas já em setembro do mesmo ano, cinco meses depois, a reforma é julgada insuficiente, talvez à vista dos parcos resultados obtidos na arrecadação, que não chega a render uma arroba. Passa-se então a cobrar quatro oitavas por escravo, oito por carga de secos, cinco por carga de molhados. Até o ano de 1728, em que cessa a capitação e principia o regime da cobrança dos quintos, na Casa de Fundição, mandada estabelecer em São Paulo, os tributos não deixam de aumentar de ano para ano. Ao mesmo tempo, tornam-se necessariamente mais explícitos e discriminatórios os regulamentos, o que nos permite, por vezes, algum vislumbre da vida cuiabana durante aquele período.

Assim, graças a tais regulamentos, temos notícia, entre outras coisas, de que em 1727 as duas "casas de traque de taco" existentes no vilarejo pagavam anualmente 128 oitavas de impostos.[15] É sabida a grande difusão que alcançou o jogo nos antigos arraiais de mineração, mas chega a ser surpreendente essa referência a um antepassado próximo do bilhar, na humilde e longínqua Cuiabá do tempo de Rodrigo César de Menezes. Quase tão surpreendente quanto ao fato de sessenta anos mais tarde, ao tempo do ouvidor Diogo de Toledo Lara Ordonhes, ter sido possível, na mesma Cuiabá, representar-se de modo "mui plausível" nada menos do que uma tragédia de Voltaire.[16]

Já não parecerá tão estranha a notícia de que em 1727 havia ali 2600 negros e índios labutando nas lavras de ouro. Isso significa – se o regimento em vigor ainda era, nas suas linhas gerais, o de 1725 – que só o tributo por bateia teria rendido à Coroa, naquele ano, perto de quatro arrobas.

As autoridades punham então todo o empenho em fazer com que ninguém se eximisse dos pagamentos, e o próprio capitão-general recorreu a um estratagema para animar o povo a cumprir as sagradas leis fiscais. Chegando a Cuiabá, pagou imposto correspondente aos negros remeiros que levava para seu próprio serviço, durante a viagem, embora, na qualidade de governador, estivesse isento de semelhante obrigação. A 12 de março de 1727, em carta a el-rei, solicitava, contudo, restituição da importância paga, alegando que tivera em mira, unicamente, dar um exemplo ao povo.[17]

Não representando, talvez, mais do que uma sombra da realidade,[18] as cifras relativas à cobrança anual da capitação, consignadas nas "Memórias" de Nogueira Coelho, servem para indicar como o empenho da administração colonial em aumentar a qualquer preço os rendimentos da Coroa, não obstante a decadência já manifesta da mineração cuiabana, produziu algum resultado positivo. Foram os seguintes esses rendimentos, a partir de 1724, de acordo com as citadas memórias:

1724	3805 oitavas
1725	8953 oitavas
1726	16 727 oitavas
1727	35 210 oitavas

Para o ano de 1728, em que o ouro passaria a ser quintado em São Paulo, só temos o total correspondente aos direitos de entradas, que atingiu 14 263 oitavas. Foi esta soma, juntamente com a da arrecadação do ano antecedente, que se tornou objeto de uma das mais extraordinárias burlas de nossa história colonial. Consta que, em Lisboa, ao serem abertos, na presença do rei, os caixões onde deveria estar o ouro, só se encontrou chumbo de munição. O escândalo e a consternação produzidos motivaram providências enérgicas das autoridades luso-brasileiras para a captura dos culpados, mas a verdade é que nunca se conseguiu apurar, com absoluta certeza, quem fosse o autor do furto, e o que ainda hoje corre a respeito não passa de conjeturas bem ou mal fundadas.

Tudo isso terá contribuído para desacreditar ainda mais as minas cuiabanas. Os trabalhos de extração já se limitavam às simples faisqueiras, que não deveriam estimular nenhum otimismo exagerado e nem davam para distrair sertanistas e mineiros de terras talvez mais produtivas, como as de Goiás.

Entretanto, o sacrifício dos moradores do antigo arraial do Bom Jesus, agora elevado a vila, não tinha sido inteiramente inútil. Vencidas as tristes provações dos primeiros anos, aqueles que não desertaram logo já começavam a colher os frutos de uma tenacidade verdadeiramente sobre-humana. Depois da partida de Rodrigo César de Menezes, em 1728, afrouxam-se as exações, produzem melhor os mantimentos, submetem-se ou afastam-se da região os índios bravos e anima-se enfim o povo a novos empreendimentos. Colônia de aventureiros paulistas, sobretudo ituanos e sorocabanos, Cuiabá vai transformar-se em verdadeiro trampolim para a atividade desses homens, muitos deles fixados e congregados momentaneamente pelas aluviões auríferas. * As calamidades que se abate-

---

* Sérgio Buarque de Holanda, em *O Extremo Oeste*, retomou essa ideia: "É dessa base provisória, funcionando à maneira de um trampolim, que irão os sertanistas alcançar

ram durante anos seguidos sobre essa gente tinham exercido uma função seletiva, pois, eliminando os mais impacientes, retemperaram nos outros a energia agressiva que requeria o movimento de expansão.

Esse movimento transpõe em pouco tempo o planalto dos Parecis, onde mora um gentio numeroso e dócil, capaz de suprir a carência de mão de obra para a mineração, e alcança, no Guaporé, a bacia Amazônica. Já em 1734, Fernando Pais de Barros e seu irmão Artur Pais, sorocabanos de nascimento, como os descobridores de Cuiabá, encontram nessas paragens as minas chamadas de Mato Grosso, cujo nome se estenderá aos poucos a toda uma extensa capitania.

Graças a tais circunstâncias, a navegação dos rios continua a fazer-se sem interrupções e a rota seguida desde Araritaguaba vai assumindo, cada vez mais, o caráter de uma via de trânsito regular. O que estimulava agora essas expedições já não era tanto o ânimo aventureiro, mas o lucro certo, que prometia o comércio com esses remotos sertões, distanciados de qualquer recurso, onde os preços atingidos por todos os artigos, até mesmo os de uso indispensável, parecem destinados a compensar abundantemente todos os riscos da viagem.

Essa normalização do tráfego fluvial não se faz, em todo o caso, da noite para o dia. As primeiras monções destinadas ao Cuiabá constituíram verdadeiros saltos no desconhecido. As canoas utilizadas não eram, então, mais cômodas ou mais seguras do que as pirogas indígenas que lhes serviram de modelo. Com o tempo, sem que se modifiquem os traços essenciais dessas embarcações e nem mesmo seu caráter primitivo, introduzem-se nelas certas comodidades rudimentares: o bastante para que se possam tornar o veículo ordinário de comer-

---

o coração do continente, onde se firmam, atraídos pelas lavras, agora em definitivo". Em ambas as passagens ele usou a ideia do "trampolim" desenvolvida primeiramente em *Raízes do Brasil*, no capítulo "Trabalho & aventura". Cf. nota da p. 61 de *Capítulos de expansão paulista*.

ciantes, mais cautelosos, sem dúvida, e mais exigentes do que seus precursores, os bandeirantes.

O primeiro passo há de consistir, necessariamente, na escolha da rota mais adequada, entre as muitas que podiam levar ao extremo Oeste. Os antigos sertanistas costumavam ir aos chamados campos da Vacaria (ao sul do atual território mato-grossense), ora pelos rios Paranapanema e Ivinheima, afluentes ambos do Paraná, ora pelo Tietê, o Pardo e o Anhanduí-Guaçu. Por qualquer das duas vias iam ter a lugares de onde podiam atingir facilmente o Paraguai.

Essas rotas ofereciam, no entanto, múltiplas desvantagens. A principal estava em que, frequentadores constantes da Vacaria, não deixariam os castelhanos, em caso de guerra, de tentar paralisar o tráfego, ocupando o varadouro que utilizassem os navegantes para alcançar o Paraguai, ou mesmo apoderando-se das mercadorias em trânsito. A própria indecisão reinante na época, acerca do direito de Portugal à posse dessa extensa área, devia aconselhar os governos a usar de toda a prudência e evitar incidentes que pudessem gerar complicações internacionais.[19] Outro embaraço nada desprezível era a presença, nas campanhas, do terrível gentio cavaleiro ou guaicuru, que se opunha a qualquer intrusão nos seus domínios.

A via do Paranapanema-Ivinheima ainda oferecia um terceiro inconveniente, ao qual não deixariam de ser sensíveis os responsáveis pela administração colonial. É que, com a criação de uma Casa de Registro perto das barrancas do Paraná, acima da barra do Pardo, essa passagem daria lugar, por força, a muitos descaminhos de ouro, em prejuízo do Real Erário. As contínuas advertências dos governos para que as expedições evitassem o caminho da Vacaria devem relacionar-se especialmente com este fato.

O descobrimento de uma nova rota, por onde fosse possível escapar a tamanhos inconvenientes, é em geral atribuído aos famosos irmãos Leme. O caminho primitivo dos que subiam o Pardo desviava-se para seu afluente da margem direita, o Anhanduí-Guaçu, que traça aproximadamente o limite setentrional da Vacaria. Desejosos, talvez, de procurar passagem mais breve para as minas, deliberaram aqueles sertanistas continuar em águas do Pardo, subindo a parte encachoeirada, que fica além da barra do Anhanduí, e chegaram, assim, ao ribeirão de Sanguexuga. Neste ponto, o divisor das bacias do Paraná e Paraguai abrange apenas cerca de 2,5 léguas de extensão e parece admiravelmente apropriado à varação das canoas.

Esse descobrimento deve ter ocorrido pelo ano de 1720, em que os Leme estavam a caminho do Cuiabá. Tão manifestas pareceram logo as vantagens do novo itinerário do alto rio Pardo e do vacadouro de Camapoã, que não tardariam em utilizá-lo as canoas saídas de Araritaguaba. É significativo que um bando, publicado já em 1723, em Sorocaba, e provavelmente, também, em outras vilas de São Paulo, já faz menção expressa do Camapoã, quando ordena que não passem do referido sítio as pessoas interessadas em ir às minas de Cuiabá "até não chegarem às ditas partes do Cap.^m Mor Fernando Dias Falcão e Thenente Coronel Joam Antunes Masiel de q.^m seguiram as ordens que lhes deram".[20]

Entretanto, a rota do Pardo-Anhanduí não foi inteiramente desprezada nos primeiros tempos. A prova está em que, até o ano de 1726, pelo menos, o governador da capitania de São Paulo continuava a insistir pelo seu definitivo abandono. Sabe-se que, mesmo depois dessa data, o caminho da Vacaria ainda foi seguido pelo dr. José de Burgos Vilalobos, quando ia assumir sua ouvidoria no Cuiabá.[21] E não seria esse, certamente, um caso isolado. A preferência que davam numerosos sertanistas a semelhante rota explica-se, sem dúvida, pela grande abundância de gado que ali iam encontrar e que supria as dificuldades de transporte dos mantimentos necessários ao consumo durante a jornada.

Essa mesma vantagem desapareceu, entretanto, depois que se fizeram as primeiras roças na paragem de Camapoã.

Com isso deu-se, sem dúvida, um passo importante para a maior segurança e comodidade dos viajantes. Estava fixada a estrada definitiva das monções, que deveria prevalecer, sem alteração apreciável, durante mais de um século.

Restava, porém, outra providência de decisivo alcance: a adaptação das canoas indígenas às necessidades de transporte e do tráfego normal. Os progressos nesse sentido teriam de ser, por força, morosos e orientados pela contínua experiência. Durante as primeiras entradas, que se faziam muitas vezes sem roteiro preciso, as canoas eram, em sua maioria, improvisadas no percurso. Por isso mesmo, e conforme já se indicou no capítulo precedente, não custava abandoná-las onde se tornassem desnecessárias. Quando era possível contar de antemão com varadouros extensos, preferiam-se, certamente, as de casca, mais leves do que as de madeira inteiriça, e por conseguinte de mais fácil condução fora da água.

Os gêneros que transportava uma dessas embarcações não seriam, naturalmente, mais numerosos ou volumosos do que a carga que podiam levar os cativos, em suas jornadas a pé, através de distâncias mais ou menos longas. Limitavam-se ao estrito necessário, já que os matos e rios constituíam, nesses casos, as principais estalagens do viajante, habituado a restringir sua dieta a frutos, raízes silvestres, répteis e ao que alcançasse com suas espingardas e anzóis.

Desde o momento, porém, em que começou a instalar-se um número considerável e crescente de moradores, em lugar situado a vários meses da região mais populosa da capitania e longe de todo recurso, o problema teria de assumir aspectos muito mais complicados. Além dos artigos que se destinavam ao uso dos viajantes, seria preciso levar também aqueles que fossem indispensáveis à manutenção e aumento de um arraial. E cumpria, além disso, aparelhar as canoas com meios que permitissem conduzir, sem muito perigo, semelhante carga. Para tanto, revelaram-se logo insuficientes os elementos que proporcionava a tradição local. Já se viu como as fazendas levadas no ano de 1720, ao arraial do Coxipó, chegaram ao seu destino completamente arruinadas. O motivo apontado pelo cronista desses acontecimentos foi a ausência de proteção contra as chuvas, o que fazia apodrecerem todos os gêneros transportados.

Mais tarde tratou-se de remediar a falta, fazendo toldar as canoas, a exemplo do que acontecia nas embarcações fluviais do Velho Mundo. Usaram-se, com esse fim, cobertas de lona, brim ou baeta, sustentadas sobre uma armação de madeira, constituída de uma barra, que descansava sobre duas forquilhas, dispostas de um lado e outro da parte central da canoa, destinada à carga. Sobre a barra horizontal, a que chamavam *cumieira*, colocavam-se perpendicularmente, de palmo a palmo, barras menores, formando como um telhado, cujas extremidades ultrapassavam as bordas da canoa.[22]

Entretanto, esse sistema de cobertas, que acabou prevalecendo, parece ter sido introduzido só muito aos poucos. Nos primeiros tempos usou-se, provavelmente, estender sobre a carga alguns metros de tela encerada. Do rol das despesas feitas com 23 canoas, que seguiram para Cuiabá, na expedição do governador Rodrigo César de Menezes, constam 150 varas desse encerado. O preço de 81 mil-réis, pago pelas 150 varas, não parecerá demasiado, quando se tenha em consideração que a linhagem destinada só ao toldo do capitão-general e sua família custou nada menos do que 140 mil-réis.[23]

Com o tempo, o emprego da aniagem, para a proteção contra picadas de insetos e outras pragas, deveria generalizar-se cada vez mais. Desde o momento em que as expedições ao sertão ocidental se transformaram de entradas mais ou menos aventurosas em viagens regulares, metodicamente organizadas, essa proteção aos tripulantes e passageiros de "canoas de comércio" passava a constituir necessidade imperiosa. Em todo o século XVII – o século das bandeiras –, aqueles que se embrenhavam no sertão não teriam outro recurso contra os mosquitos além da roupa do corpo e, durante a noite, das cobertas ou de alguma capa de baeta. O próprio mosquiteiro não parece ter sido utilizado, ou sequer conhecido, nesses primeiros tempos. Tudo tenderia a indicar que, ao surgir mais tarde com as monções, foi elemento adventício, transplantação, talvez, do tradicional mosquiteiro da Europa, sobretudo dos países banhados pelo Mediterrâneo, ou oriundo de uma adaptação dos pavilhões e cortinados caseiros às exigências da vida sertaneja. Adaptação que representaria um passo dos mais significativos para a vitória sobre as hostilidades do meio.

Algumas velhas crônicas, as de Oviedo, Cristobal de Saavedra, Maurício de Heriarte ou Laureano de la Cruz, assinalam, é certo, as "barbacoas con toldos" e as "camas toldadas" em determinada região do alto Amazonas, a terra dos omáguas – lugar apartado de toda comunicação regular com europeus. Um século depois de Heriarte, La Condamine ainda se refere aos pavilhões de pano de algodão, que usava o gentio da mesma área para se ver livre dos mosquitos e morcegos.

Depoimentos bem mais recentes ainda registram seu emprego fora da Amazônia, entre diferentes grupos indígenas, como os yurucarés e os guatós: nada prova, em todo o caso, que nestes últimos exemplos não seja resultado do contato com os brancos. Tais testemunhos, e alguns outros, forneceram a Nordenskiöld pretexto para interessantes especulações, em torno da origem dos mosquiteiros no continente sul-americano, antes do advento dos portugueses e castelhanos.[24] Que tal instrumento ocorresse entre os omáguas e tribos vizinhas, quando ainda estremes de qualquer comércio com europeus, parece mais do que presumível. E se sua difusão cingiu-se especialmente a essa área restrita, foi sem dúvida pela dificuldade, entre povos tão primitivos e isolados, de se obterem tecidos próprios.

Também é lícito acreditar que o recurso ao mesmo expediente por parte de um ou outro missionário em trânsito pela região fosse devido apenas à influência de tais índios, embora uma passagem de Laureano de la Cruz deixe dúvidas quanto à hipótese de semelhante influência: "Para reparo de los mosquitos" – observa esse religioso – "usamos de unos lienzos, de que tambien ellos usan, aunque de diferente materia, porque lo hacen de los desechos de mantas y camisas de que se viesten".[25] Seja como for, até o século XVIII, as notícias do uso, entre civilizados, de toldos para resguardo contra moscas e mosquitos referem-se a casos isolados e aparentemente sem continuidade. O próprio nome de mosquiteiro não aparece em nenhum documento conhecido. No vale do Amazonas, nem o exemplo dos omáguas parece ter contribuído para modificar semelhante situação, e os textos do século XVIII não fazem crer que se tivesse propagado ali, entre colonos, esse sistema de abrigo. Ainda em 1775, Ribeiro de Sampaio, lembrado por Nordenskiöld, em seu estudo já referido, não chega a fazer-lhe a menor alusão, muito embora tenha tido inúmeras ocasiões de conhecer o incômodo causado pelos mosquitos, aos viajantes que percorriam as regiões por ele visitadas.

Se, pois, em 1775, o mosquiteiro seria ignorado, ou pelo menos mal conhecido, nas margens do Amazonas, não haverá absurdo em supor que tenha surgido independentemente nas do Tietê, onde já aparece, em meados do século, na bagagem ordinária dos que iam para o Cuiabá. Pode-se até estabelecer, com sofrível aproximação, a época de seu aparecimento, nas paragens sulinas, lembrando que, desconhecido ainda em 1720, durante as primeiras monções, segundo se lê em antigos documentos, já em 1725 surge no Cuiabá, onde, inquietados a todas as horas pelos mosquitos, os moradores, de noite, dentro das suas casas, não dormiam sem tais abrigos, assim como, de dia, nunca estavam sem abanos nas mãos.[26]

D. Antônio Rolim de Moura, mais tarde conde de Azambuja, ao fazer, em 1751, a navegação do Tietê rumo ao Cuiabá, atribui expressamente o invento do tipo de mosquiteiro usado nessas jornadas aos que costumavam realizá-las. A descrição que nos deixou do instrumento coincide, por outro lado, em todos os pontos essenciais, com a que fez, dezoito anos depois, o sargento-mor Teotônio José Juzarte.

Por essas descrições, ficamos sabendo que o sistema então adotado não se diferençava, no principal, de alguns dos que ainda hoje se usam no sertão. Constava de uma cobertura, de cerca de catorze varas de comprimento, feita de aniagem ou outra substância leve, e que se lançava sobre uma corda, presa em cada uma das extremidades, aos paus onde se sustentava a rede. Fechada em todas as partes, até chegar ao chão, tinha apenas umas mangas, que davam passagem aos punhos da rede. Algumas varetas, metidas na parte superior, serviam para abrir-lhe mais o bojo. Assim armado, sua aparência lembrava a de um grande saco, e se lhe punham por cima quatro côvados de baeta, à maneira de um pequeno telhado, quem nele se abrigasse poderia dormir tranquilo, embora chovesse muito. "Incrível he o que isto resiste ainda nas chuvas maiores, do que eu não podia persuadir-me em quanto o não vi...", comenta d. Antônio. Nada faltava durante a noite aos que se preveniam bem, pois o vão entre a rede e o solo servia como de uma pequena barraca, onde guardavam o necessário na melhor ordem e segurança.[27]

A invenção, ou pelo menos a difusão, desse engenhoso sistema de abrigo, como o das canoas toldadas, que preservam os mantimentos, permitiu, com o decurso do século XVIII, que o comércio entre São Paulo e o Cuiabá se fizesse, aos poucos, sem grande parte das importunações e prejuízos que perseguiam as primeiras canoas. Não admira, pois, se os cronistas que discorreram sobre essas expedições se detiveram prolixamente em apresentá-lo como curiosidade prodigiosa e mal sabida. Com o tempo, impôs-se porém o seu emprego, definitivamente incorporado à aparelhagem das monções. Já em 1788, ao percorrer os rios mato-grossenses, frequentados pelas embarcações paulistas, Lacerda e Almeida limita-se a registrá-lo de passagem e sem explicações maiores.

Mas na própria defesa contra os mosquitos, a eficácia de

tais abrigos tem naturalmente seu limite. Servem, antes de tudo, ou unicamente, para resguardar contra as espécies caracterizadas por hábitos noturnos ou crepusculares, sem dúvida das mais perigosas, como por exemplo os anofelíneos vetores da malária. É impossível, no entanto, impedir, com esse simples recurso, o incômodo e, às vezes, o dano produzido pelas que preferem molestar suas vítimas à luz do sol. A essas, certamente, também cabe uma parte de responsabilidade no terror que costumam causar os mosquitos a nossas populações rurais e sobretudo aos viajantes – terror que Herbert Smith, naturalista preciso e benigno, ousou comparar ao dos tigres e das anacondas, embora confessando que, mesmo no Amazonas, suas picadas não chegam a ser tão doloridas como nos pantanais de Nova Jersey.[28] Contra isso, não resta senão o pobre paliativo das roupas espessas, que, em nosso clima, equivale a substituir um suplício por outro.

Flagelo incomparavelmente mais temível eram os ferozes paiaguás, cujos ataques, estimulados talvez pelos castelhanos das vizinhanças, tiveram princípio em 1725. Nesse ano surgiram eles junto à barra do Xanés e acometeram a conserva de vinte canoas, que ia de Araritaguaba para Cuiabá, sob o mando de Diogo de Souza. Tão inesperado e violento foi o assalto que, de um total de seiscentas pessoas, distribuídas pelas vinte canoas da conserva, só duas se salvaram, um branco e um negro.

Ninguém sabia, até então, que gentio era esse, nem em que partes habitava, nem que nome tinha. Soube-se depois que eram índios de corso e sem morada certa, vivendo constantemente sobre as águas do Paraguai e dos pantanais.

Sucedem-se logo as expedições organizadas, para dar combate a esse novo inimigo, mas os resultados obtidos não correspondem às grandes esperanças nelas depositadas. Dos insultos constantes do paiaguá, ficou particularmente célebre o ataque efetuado em 1730 à monção em que voltava para São Paulo o ouvidor Antônio Alves Lanhas Peixoto. Na peleja que então se travou, pereceram quase todos os cristãos, inclusive o ouvidor, e perderam-se sessenta arrobas de ouro, de que se iam pagar os quintos na Casa da Fundição.

Só cessariam de todo as agressões desses índios quando, já em fins do século XVIII, se desconcertou o trato de amizade que tinham com os guaicurus, principal esteio de seu antigo poderio. Para defender-se de semelhantes agressões, habituaram-se os viajantes a navegar somente em comboios e com canoas artilhadas. Por outro lado, a crescente familiaridade com os rios sertanejos, seus escolhos e imprevistos, tinha ensinado aos pilotos mais habilidosos novos recursos contra tão temíveis adversários.

À experiência destes homens deve-se a segurança relativa que iria alcançar a navegação fluvial em tais paragens. A ela também se deve, em grande parte, o desbravamento das comunicações entre Mato Grosso e o Pará, que abriria mais uma importante linha de comércio para aqueles dilatados sertões. Com o tempo e o florescimento da nova via de comércio, muitos pilotos e práticos acabaram abandonando o caminho fluvial de Porto Feliz a Cuiabá, o que significou um sério golpe nas tradicionais monções de comércio, e uma das causas de seu declínio, durante o segundo decênio do século passado. No ano de 1818, o capitão-mor de Porto Feliz chegou a queixar-se de que já não havia ali práticos, pilotos e proeiros para mais de seis ou oito canoas. Dos que serviam agora no caminho de Cuiabá ao Pará, muitos não pensavam em voltar, e nenhuma autoridade poderia obrigá-los a tanto.[29]

A partir de então e sobretudo depois da Independência, as viagens fluviais tornaram-se cada vez mais raras, até desaparecerem completamente por volta de 1838. Foi exatamente nesse ano que uma epidemia de febre tifoide apareceu no Tietê, deixando poucos sobreviventes entre os últimos mareantes e pilotos de Porto Feliz.[30]

O aproveitamento dos rios que procuram o oceano, no extremo norte, prende-se, assim, ao velho caminho das monções, que avança do sul, do planalto paulista. A função histórica dessa autêntica estrada fluvial de perto de 10 mil quilômetros, que abraça quase todo o território da América portuguesa, supera a de qualquer das outras linhas de circulação natural do Brasil, sem excluir a do São Francisco, chamado, por alguns historiadores, o "rio da unidade nacional". *

99

OURO

·

---

* Estes três últimos parágrafos do capítulo "Ouro" são muito semelhantes aos três últimos parágrafos do capítulo "Frotas de comércio", de *Caminhos e fronteiras* (op. cit., pp. 151-2), em específico ao trecho que segue: "A função histórica dessa estrada de mais de 10 mil quilômetros de comprimento, que abraça quase todo o Brasil, supera mesmo a de quaisquer outras linhas de circulação natural de nosso território, sem exclusão do próprio São Francisco, por muitos denominado o 'rio da unidade nacional'".

4
Sertanistas e mareantes*

.

NÃO SE PODE DIZER QUE DURANTE O século XVIII, quando foi mais intenso o comércio fluvial do Cuiabá, os serviços a bordo das canoas despertassem vocações numerosas. O engajamento dos homens que se empregavam na mareagem, especialmente em expedições reiunas, tem mais de um ponto de semelhança com aqueles recrutamentos militares da mesma era, tão tristemente célebres na história de São Paulo. Não se exagera ao afirmar que o duplo significado da palavra "galé" valia aqui em toda a sua extensão, e conta-se de muitos remadores que, trabalhando ordinariamente nus da cintura para cima, costumavam untar-se de gordura, a fim de não poderem ser facilmente agarrados quando tentassem fugir.

Junto aos pousos, onde os navegantes passavam as noites e mesmo parte dos dias, colocavam-se frequentemente sentinelas de ronda, para impedir as deserções. Em certas viagens, sobretudo as que se destinavam ao Iguatemi, havia o cuidado de contar os homens sempre que entrassem ou saíssem das

---

* Este capítulo também não foi reescrito, mas, assim como o anterior, relaciona-se intimamente com *Caminhos e fronteiras* — em específico os capítulos "Do peão ao tropeiro" e "Frotas de comércio".

canoas. Quem pretendesse deixar o porto devia esperar que se fizesse o sinal, a fim de acompanhar o guia.

Não parecerão excessivas tamanhas precauções, quando se saiba que a escolha dos tripulantes recaía, geralmente, sobre indivíduos pouco afeitos a qualquer ocupação útil. Os próprios vícios do sistema econômico de produção tinham criado, em todo o Brasil colonial, uma imensa população flutuante, sem posição social nítida, vivendo parasitariamente à margem das atividades regulares e remuneradoras.[1] Em muitos lugares, tais elementos podiam ser aproveitados com vantagem, e de fato o eram, na formação de corpos militares destinados à fronteira, na organização de povoações novas, no desbravamento de sertões desconhecidos, como os de Ivaí e Guarapuava. Mas nos distritos vizinhos do porto de embarque das monções, uma grande parte do pessoal disponível tinha de ser absorvida no serviço das canoas.

Os próprios capitães-generais chegaram, por mais de uma vez, a aconselhar moderação nos recrutamentos militares, que se fizessem em lugares tais como Araritaguaba e Itu, sob a alegação de que seus moradores eram "os mais ocupados e necessários para a mareação dos Rios nas viagens do Cuyabá, em utilidade do bem comum".[2]

E ainda em 1820, para explicar a dificuldade de obter elementos destinados ao batalhão de caçadores de São Paulo, um capitão-mor de Porto Feliz, a antiga Araritaguaba, observava que "com os vadios deste país hé que se formão as tripulações das repetidas expedições q'desta Villa partem para Cuyabá, e por isso esta gente de alguma maneira devem ser respeitados por sua abilidade no trabalho do Rio...".[3]

Criados na ociosidade e inadaptáveis à disciplina rígida que requerem tais trabalhos, muitos tripulantes parecem fazer jus às acusações frequentes que contra eles se levantam em documentos setecentistas, onde nos são apresentados como criminosos, amotinadores e insubordinados. Durante as viagens, era principalmente em terra, nos pontos de escala obrigatória, que esses homens viviam suas horas de verdadeira animação e alegria, entretendo-se às noites nos jogos de cartas, nas músicas, nas danças, nos desafios e em outros folguedos, de modo que era pouco o tempo para dormir e descansar. As expansões alentadas pelo álcool tinham, não raro, epílogo tumultuoso, e então tratariam os mais ousados de iludir a vigilância da guarda, escapando para os matos.

Um dos motivos de contentamento nas viagens de volta para o povoado era, por certo, a visão da barra do Tietê, que evocava imagens familiares da terra natal. Foi numa ocasião dessas que os camaradas da expedição Lacerda e Almeida prorromperam em gritaria furiosa e gastaram, nas salvas, frasqueira e meia de aguardente. Se havia espontaneidade na manifestação, é matéria para dúvida, e o próprio Lacerda não a considerava sem uma ponta de malícia: "Talvez que a alegria fosse fingida" – escreve – "e servisse de pretexto para subir a frasqueira a riba".[4]

A monotonia da longa viagem fluvial quase reclamava essas compensações ruidosas. Delas participavam não só a gente de serviço como os próprios comerciantes, que iam trocar por ouro sua mercadoria civilizada: fazendas de algodão e lã, ferragens, louças, chapéus de pelo, pólvora, chumbo e sal. Já nas vésperas de embarcar, em Porto Feliz, costumavam muitos deles provocar, com seus desmandos, contínuo sobressalto entre os moradores. Porque essa "gente do caminho" – diz um testemunho da época – "são quasi todos achacosos a se embriagarem, principalmente nas vésperas, e no dia da partida, custa ter mão nelles: são salvas despropozitadas nas ruas pelas portas com os mayores desaforos, e perigo".[5]

A verdade é que as monções nunca chegaram a deixar, nos hábitos e na vida social do paulista, nenhuma dessas marcas de vivo colorido, que nascem de uma intimidade grata e quase lírica entre o homem e sua ocupação mais constante. Faltou-lhes a vida fluida, rica de formas, que brota do esforço livremente consentido e que floresce nas lendas, nos usos e nas tradições do povo. A psicologia de nossa gente rude não a acomodava aos rios, como não a acomodou verdadeiramente ao solo. Os próprios nomes que se davam às canoas das monções, pelo menos os raros de que ainda há notícia, eram lamentavelmente prosaicos e não denunciam certamente uma raça de navegantes. Alguns – *Perova*, *Ximbó*; nomes de árvores serviçais, não de mulheres, nem de flores, nem de santos – pretendiam tão somente designar a qualidade da madeira de que eram feitas as embarcações.

Os escassos documentos iconográficos que hoje possuímos, acerca de tais canoas, parecem indicar que apenas um critério estritamente utilitário presidia sua fabricação. No conjunto, pouco sugestivo dessas silhuetas sombrias, despidas de qualquer atavio, a nota mais viva é o vermelho da baeta, que serve para as cobertas. E não faltaria, talvez entre imaginações supersticiosas, quem relacionasse semelhante detalhe aos constantes perigos da navegação dos rios, perigos de doenças, não menores, no tempo das águas, do que os perigos de naufrágio e de frechadas. É conhecida a misteriosa afinidade que, no espírito dos antigos paulistas, parecia associar frequentemente a baeta vermelha a determinadas moléstias, sobretudo moléstias contagiosas, pois pendurada, por exemplo, à porta de uma casa, servia para anunciar a presença de bexiguentos, e empregada em cueiros e cobertores fazia "sair" a doença, mormente quando se tratasse de escarlatina ou sarampo.

As vestimentas usadas durante o trajeto não deviam destoar dessa simplicidade rústica. É verdade que algum comerciante mais abastado não abandonaria jamais seu robicão solene ou seu casaco de gola larga, acompanhando o clássico chapéu de Braga. Gravuras de começo do século passado ainda nos mostram como, nessas viagens, certos trajes tipicamente urbanos eram mantidos em pleno sertão. Mas mantidos, de qualquer modo, excepcionalmente, pois parece que a grande maioria dos viajantes se contentava com vestes roceiras de algodão, reforçadas, quando muito, em tempo de frio, pelo surtum de baeta.

Já iam muito longe os tempos de um d. Antônio Rolim de Moura, que saiu em sua canoa especial, com piloto de farda azul e chapéu de plumas, todo agaloado, e mais seis remeiros de véstia e calções encarnados e carapuça ou barrete com as armas de sua excelência abertas em prata.[6] Menos do que isso seria intolerável para a alta prosápia e a dignidade do futuro conde de Azambuja. Mas o certo é que todo esse aparato, unicamente de fachada, só serviria para comover a imaginação de algum incauto na hora da partida. Àqueles que o acompanharam, não passou talvez despercebida a particularidade de d. Antônio só se ter despido pela primeira vez, desde que deixara Araritaguaba, ao aportar na fazenda de Camapoã, três meses depois.[7] A limpeza corporal não era certamente um atributo das classes nobres, por essa época, mas à gente mais humilde, habituada de longa data, senão ao banho diário, pelo menos ao tradicional lavapés, exigência mínima da higiene em terra tropical, não passaria talvez despercebido o suntuoso desasseio do general emboaba.

Quase meio século mais tarde, na expedição comandada pelo paulista Cândido Xavier de Almeida e Souza, os soldados que partiram numa terça-feira de Porto Feliz já no sábado tratavam de lavar suas roupas, barbear-se e pentear-se a fim de penetrar o sertão com "decência e pontualidade".[8] Um zelo tão minucioso faz crer que o banho diário já fosse de uso corrente entre tais viajantes – gente do planalto em sua maioria –, embora nenhum depoimento nos autorize a uma afirmação desse teor.

O duro e tosco realismo que o comércio do Cuiabá refletia, em seus vários pormenores, e que se denuncia no próprio aspecto exterior das embarcações, não é senão o fruto de uma aplicação voluntária de todas as energias ao afã de enriquecimento, de domínio e de grandezas. Se requer audácia, pode-se quase dizer que é uma audácia contrafeita, incapaz, por isso mesmo, de se elevar sobre o plano da realidade mais rasteira e agreste. O que não significa, é certo, exclusão obrigatória das forças sobrenaturais, pois os santos das igrejas, as rezas, os bentinhos, as feitiçarias pertenceram sempre ao arsenal dos que se embrenhavam no sertão. Mas o céu é aqui simples dependência da terra, disposto sempre a amparar os homens na perseguição de seus apetites mais terrenos.

É esse, de certo modo, o sentido das cerimônias religiosas, relacionadas mais diretamente com o movimento das monções de povoado, a começar pela cerimônia da bênção das canoas, em Araritaguaba, quando o padre implorava para os navegantes a mesma proteção divina outrora dispensada a Noé sobre as águas do Dilúvio ou ao apóstolo Pedro sobre as do mar: "Porrige eis, Domine, dexteram tuam, sicut porrexisti Beato Petro ambulante supra mare...".[9]

O medo inspirado pelas cachoeiras, pelos índios bravios, pelo "minhocão" – essa entidade monstruosa que parece resumir em si todas as forças hostis da natureza – poderia ajudar a corrigir um pouco o pobre naturalismo daqueles aventureiros, se o recurso aos poderes sobrenaturais não fosse entendido, neste caso, menos como um meio de salvação das almas do que de conservação e sustento dos corpos.

As primeiras monções do Cuiabá deveriam recrutar a mesma gente fragueira e turbulenta que constituíra as bandeiras do século XVII.

Todavia, os elementos de que agora dispõe o sertanista para alcançar sua terra de promissão vão deixar menor margem ao capricho e à iniciativa individuais. É inevitável pensar que o rio, que as longas jornadas fluviais tiveram uma ação disciplinadora e de algum modo amortecedora sobre o ânimo tradicionalmente aventuroso daqueles homens. A própria exiguidade das canoas das monções é um modo de organizar o tumulto, de estimular, senão a harmonia, ao menos a momentânea conformidade das aspirações em contraste. A ausência dos espaços ilimitados, que convidam ao movimento, o espetáculo incessante das densas florestas ciliares, que interceptam à vista o horizonte, a abdicação necessária das vontades particulares, onde a vida de todos está nas mãos de poucos ou de um só, tudo isso terá de influir poderosamente na mentalidade dos aventureiros, que demandam o sertão remoto. Se o quadro dessa gente aglomerada à popa de um barco tem, em sua aparência, qualquer coisa de desordenado, não será a desordem das paixões em alvoroço, mas antes a de ambições submissas e resignadas.

Não é só o emprego de meios de locomoção diversos, é, também, e principalmente, o complexo de atitudes e comportamentos, determinados por cada um desses meios, o que fará compreender a distinção essencial entre a primitiva bandeira e a monção de povoado. Naquela, os rios constituem, efetivamente, obstáculos à marcha, e as embarcações são apenas o recurso ocasional do sertanista, utilizável onde a marcha se tornou impossível. Nas monções, ao contrário, a navegação, disciplinadora e cerceadora dos movimentos, é que se torna regra geral, e a marcha a pé, ou a cavalo, ou em carruagem (na fazenda de Camapoã, por exemplo), constitui exceção a essa regra.

Não é inútil, a propósito, insistir no fato de a técnica da navegação fluvial, em São Paulo, ter tido sua fase de maior desenvolvimento, sobretudo no século XVIII, com o declínio das bandeiras. Embora muito antes disso já o Tietê tivesse servido ocasionalmente de via de penetração, a verdade é que sua navegação só se aperfeiçoou quando foi necessário um sistema de comunicações regulares com o centro do país. *

---

* Os quatro últimos parágrafos deste capítulo são semelhantes às primeiras três páginas do capítulo "Frotas de comércio", de *Caminhos e fronteiras* (op. cit., pp. 136-8). Compare-se, por exemplo, com o trecho da p. 137: "Não foi por acaso se a técnica do transporte fluvial encontrou, em São Paulo, sua fase de maior desenvolvimento sobretudo no século XVIII, com a decadência das bandeiras. Embora muito antes disso o Tietê tivesse servido eventualmente de via de penetração, a verdade é que seu percurso só se generalizou e se enriqueceu de novos instrumentos quando foi necessário um sistema de comunicações regulares com o centro do continente".

5
As estradas móveis[*]

•

ERA REGRA, DURANTE AS VIAGENS, ir o piloto de pé, no bico da proa, o proeiro da mesma forma e cinco ou seis remeiros, também de pé, distribuídos pelo espaço livre de carga, que media, junto à proa, pouco mais ou menos 2,5 metros. À popa, em espaço de tamanho correspondente a esse, amontoavam-se, mal abrigados, os passageiros.

Nos lugares encachoeirados levava-se um guia ou prático, às vezes dois, que trabalhavam alternadamente, além do piloto e do proeiro. Este último, segundo parece, era a personagem mais importante da tripulação, pois guardava consigo a chave do caixão das carnes salgadas e do frasqueiro, comandava e governava a proa e, batendo no chão com o calcanhar, dava o compasso para as remadas. Nas descidas de cachoeira, obrigado a manobrar a canoa com extrema rapidez, era incomparavelmente quem mais se arriscava. A prática das navega-

---

[*] Este capítulo foi reescrito por Sérgio Buarque de Holanda e, como os dois outros, foi significativamente ampliado. De trinta páginas (pp.75-104, na edição de 1990), passou para 67 (pp. 249-315). Tal acréscimo se deve a mudanças na redação do texto e a muitas informações novas que aparecem na versão reescrita. O capítulo reescrito passa a integrar *Capítulos de expansão paulista*.

ções apurava nele, a tal ponto, a capacidade de observação que, pelo simples movimento das águas, podia muitas vezes distinguir onde o rio era mais fundo ou mais raso, onde havia canal ou pedra.

O extraordinário, em viagem tão longa e de mais de cem cachoeiras, todas diversas "não só entre si, mas cada uma de si mesma, à medida em que os rios levam mais ou menos água", conforme pondera uma testemunha, era a capacidade que tinham esses homens de reter na memória todas as manobras necessárias para enfrentar tantas dificuldades. A destreza com que sabiam vencer esses obstáculos, a consciência de sua grave responsabilidade e o prestígio de que justamente desfrutavam, podiam dar a alguns proeiros "toda a chibança de um vilão obsequiado e respeitado".[1]

Em certos casos, fazia-se necessário passar por terra, arrastando as canoas ou guindando-as em cordas, no que se gastava muito tempo e trabalho. Nos saltos medianos, os barcos não precisavam sair do rio, conquanto fossem previamente aliviados da carga e dos passageiros. Alguns pilotos mais temerários não hesitavam em tudo arriscar e frequentemente tudo perdiam.

O período que vai de março a maio e mesmo a junho, até São João, era, em geral, o preferido para partirem as frotas do porto de Nossa Senhora da Mãe dos Homens de Araritaguaba. Explica-se a preferência por tratar-se de época em que os rios ainda estão cheios, o que tornava menos trabalhosa a navegação. Não faltava, entretanto, quem, por outras causas e acima de tudo pelo receio das sezões e febres malignas – ameaça constante na ocasião das enchentes –, optasse pelos meses de junho a setembro.*

---

* Sérgio Buarque de Holanda, na versão reescrita, reduz o período que vai de "junho a setembro" para um período "de junho a agosto". Cf. "As estradas móveis", que integra "Capítulos reescritos de *Monções*", em *Capítulos de expansão paulista*, p. 295.

Já na primeira hora e meia de navegação, as frotas saídas de Araritaguaba deviam vencer a cachoeira de Canguera, a de Jurumirim e a de Avaremanduava. A última podia constituir obstáculo poderoso à passagem das canoas, quando não fossem a meia carga. Toda esta parte do Tietê era, aliás, de navegação muito penosa, pois, numa extensão de seis léguas apenas, a partir de Canguera, há nada menos de doze cachoeiras. A maior delas – a de Pirapora ou Pirapó Grande – só se alcançava, em geral, no segundo dia de viagem. Aqui eram aliviadas as canoas, seguindo os volumes por terra, até o ponto onde a navegação já não encontrasse maiores estorvos.

Em quase toda esta região, o rio corre por entre altas e espessas matarias, opulentas em caça e em frutas, sobretudo jabuticabas, que refrescavam os passageiros durante as viagens de volta do Cuiabá, em outubro e novembro: os meses em que já aparecem bem sazonadas. Junto às barras do Capivari-Guaçu, do Capivari-Mirim, do Sorocaba e de outros rios, avistavam-se gigantescas perobas, apropriadas para o fabrico de embarcações. A abundância de pescado fazia com que muitos moradores de Porto Feliz, Itu, Sorocaba e mesmo Jundiaí saíssem a procurá-lo por esta distância, indo alguns deles até ao salto de Avanhandava. Os enormes jaús que se criam no rio, e que chegam a pesar, cada um, mais de seis arrobas, compensavam bem essas fadigas, pois pescados, salgados e reduzidos a postas, eram vendidos depois nas povoações, com lucro apreciável para os comerciantes.

Às quedas-d'água, às corredeiras e também às grandes voltas que o rio dá, deve atribuir-se a extrema lentidão no seu percurso, que não se completava em menos de 25 dias. O maior estirão limpo de cachoeiras e outros obstáculos não chega a ter catorze léguas de comprimento – mais precisamente 81,5 quilômetros – e principia logo abaixo da corredeira chamada hoje do Arranca Rabo.

Esse trecho, de águas excepcionalmente mansas e de navegação franca, recebeu dos viajantes o nome de *rio morto*, que ainda presentemente lhe dão. Para quem descesse o Tietê, a paisagem da região não deixava de oferecer aspectos novos. Se os terrenos elevados da margem esquerda conservavam uma pujante vestimenta florestal, os da direita apresentavam vegetação mais rala e mesmo extensas campinas, como as da Fartura, só interrompidas, aqui e ali, por alguma ilhota de mato espesso.

Com a corredeira da Laje cessa o rio morto e volta a ser cada vez mais trabalhosa a navegação. O desnivelamento das águas torna-se também mais pronunciado, à medida que se vai aproximando o grande salto do Avanhandava. Aqui descarregavam-se as canoas e transportava-se por terra toda a carga em um varadouro de mais de oitocentos metros. No lugar onde se despenham as águas, sobretudo junto à margem esquerda, tamanha era a fartura de peixes que, na época de d. Antônio Rolim, costumava muita gente matá-los com fisgas e paus.

Abaixo do Avanhandava e até chegar ao Itapura, o curso acidentado do rio desafiava muitas vezes a habilidade dos práticos. No mesmo dia em que deixavam o Avanhandava, tinham as canoas de transpor as tortuosidades da Escaramuça. Embora permitisse passagem com carga inteira, esta cachoeira só podia ser vencida com o socorro de pilotos espertos e experimentados. Mais importantes, porém, do que a Escaramuça, porque de descarreto, eram as cachoeiras de Itupanema e Aracanguá-Guaçu.

Ao lado dos trechos extremamente acidentados, como o que se segue ao Itupanema – onde há, por espaço de nove léguas, em distâncias quase iguais, sete cachoeiras de maior ou menor extensão –, deparam-se zonas de água lisa, estendendo-se algumas vezes por várias léguas: o "manso do Bacuri", por exemplo, ou o "manso do Lambari".

Com o salto do Itapura, cujas águas, despenhando-se de grande altura, não encontram obstáculos que as dividem, como no Avanhandava, caindo o rio "para dentro de si mesmo", conforme expressão de um geógrafo moderno,[2] fecha-se a série de cachoeiras do Tietê. Daqui até a barra só se encontram corredeiras de menor importância.

Embora não isenta de riscos, a navegação do Paraná – o rio Grande dos velhos sertanistas – era incomparavelmente mais suave, devido à falta de cachoeiras, em todo o longo trecho que vai do Urubupungá, acima da barra do Tietê, até às Sete Quedas. Em compensação, ocorrem, aqui, com grande frequência, as tormentas de vento que, em algumas ocasiões, podem durar grande parte do percurso, de cinco ou seis dias, até a barra do rio Pardo.

O maior perigo estava, porém, no Jupiá, onde era preciso mão forte nos remos, para vencer os terríveis redemoinhos. Do terror que causava este passo aos navegantes, há testemunho, já em 1628, no diário de d. Luiz de Céspedes Xeria: "grandissimos remolinos de agua y de mucho peligro para las canoas, donde me desembarqué con toda mi gente, siendo por tierra grande pedazo y las canoas por este peligro". Toda a habilidade dos proeiros consistia, neste passo, em evitar, tanto quanto possível, o sorvedouro central que ora atrai as águas, ora as vomita, "à maneira de um homem que respira", segundo a comparação do sargento-mor Juzarte.

As ondas, em tudo semelhantes às do mar, eram, por vezes, tão violentas, que ameaçavam derrubar as embarcações. Para escapar ao risco de se perderem no meio desse labirinto de mais de meia légua de largo, iam as canoas muito encostadas às margens, procurando alguma praia que permitisse melhor amarração em tempo de borrasca.

Chegando à barra do Pardo, mesmo aqueles que não se destinavam ao Cuiabá tinham o hábito de pousar na margem do afluente. Junto a uma grossa árvore, ao lado direito de quem sobe o rio, existia, em fins do século XVIII, uma cava onde os viajantes costumavam largar sua correspondência. À frota que navegasse depois, em sentido contrário, cabia transportar as cartas aos destinatários.

As matas de galeria, que acompanham o Pardo até chegar

III

AS ESTRADAS
MÓVEIS

•

o salto do Cajuru, não deixavam notar, à primeira vista, a nítida fronteira que traça o Paraná entre duas áreas de vegetação bem caracterizadas, interrompendo as florestas paulistas para ceder lugar aos vastos cerrados da vertente ocidental. Com as imensas extensões de campo limpo, que se descortinam a partir do salto, manchadas apenas em alguns pontos pelos tacurus de cupim, é que principia verdadeiramente uma paisagem nova, em tudo diversa das antecedentes.

As próprias águas do rio, em geral frescas, cristalinas e boas para beber, contrastam singularmente com as do Paraná, quase sempre turvas e pestilentas. Com mais propriedade se apelidaria rio Verde – disse o tenente-coronel Cândido Xavier de Almeida e Souza – "pela diafaneidade com que as suas aguas recreão a vista e o paladar, como despenhando-se por leito de esmeraldas".[3] Só nas ocasiões em que alguma tempestade, vinda dos lados do ribeirão Vermelho, tingia essas águas até a barra é que podia assentar-lhe, talvez, o nome de Pardo. A caça era excepcionalmente abundante nas terras ribeirinhas, compensando, de certo modo, a notável escassez de frutas e de pescado.

Algumas raras formas vegetais totalmente ignoradas ou, quando muito, mal conhecidas nas margens do Tietê contribuíam para acentuar a novidade destas paragens. De duas qualidades de palmeira, o guacunã e o buriti, serviam-se os viajantes para variados misteres. A primeira, além de bom palmito, fornecia, por exemplo, excelente isca para tirar fogo, e a fruta do buriti dá um licor apetecido de muitos sertanistas, que chegavam a compará-lo ao vinho do Reino, na cor, na aparência e no gosto. Não faltou quem atribuísse a bondade das águas do rio à influência da vegetação local, notadamente da salsaparrilha, que se cria em suas beiradas.

A subida das canoas pelo Pardo, até o lugar de Sanguexuga, era mais difícil e morosa do que a própria navegação do Tietê, pois, num percurso de pouco mais de sessenta léguas, intrometiam-se nada menos de 32 cachoeiras de vários tamanhos. Com as da Ilha (ou das Capoeiras) e do Cajuru-Mirim, a poucas léguas de distância da barra do Orelha de Onça, afluente da margem esquerda, é que principiava o trecho verdadeiramente penoso da viagem.

As quedas-d'água surgem agora numa sucessão quase ininterrupta. Duas ou três léguas acima do Cajuru-Mirim e precedido da cachoeira do Quebra Proa, há o salto do Cajuru-Guaçu, formado por uma série de rochedos, de cerca de dez metros de altura, que cortam transversalmente o rio. Neste ponto era indispensável esvaziar completamente as canoas e transportar a carga por terra, num varadouro de quinhentos metros ou pouco menos. Os trabalhos eram efetuados sobre o barranco íngreme da margem oriental, à custa de grande esforço, e ainda hoje não se apagou de todo o sulco ali deixado pelos serviços de varação durante mais de um século. Teria sido, sem dúvida, mais fácil efetuar-se todo o trabalho pela margem esquerda, se não fosse o extenso brejal ali existente, anunciando a longa distância pela quantidade extraordinária de pindaíbas.

Outro cordão de rochedos, de onde se despenham quase verticalmente as águas, aparece duas léguas adiante do Cajuru-Mirim. É a chamada cachoeira da Canoa do Banco, ou simplesmente cachoeira do Banco, que as embarcações, na subida, deviam transpor vazias, à sirga.

A seguir e por espaço de três léguas apenas, vinham, uma após outra, as cachoeiras da Sirga Comprida, do Embiruçu, do Chico Santo (ou Chico Grande), do Mangabal ou Magual, do Tapanhucanga, do Tejuco. De todas estas é a do Tejuco a mais violenta, pois exige descarreto para as canoas e tem varadouro de perto de 150 metros para a carga. Em seguida há ainda um jupiá, semelhante ao do rio Paraná, embora de menores proporções e menos perigo. Para se acautelarem, os navegantes faziam atar à proa da embarcação uma corda ou correia de ferro, por onde a puxavam do lado da terra, no momento em que a canoa passasse à altura do sorvedouro. Algumas vezes amarravam uma corda ou correia semelhante à

113

AS ESTRADAS
MÓVEIS

·

popa, a fim de impedir que fosse empurrada pela revessa, o que poderia prejudicar toda a manobra.

A pouca largura do rio, neste trecho, permitia observar o jupiá de distância relativamente curta. Descreve-a um antigo viajante, dizendo que a água faz a figura de um covo fundo e estreito: "a circunferência da base, que ficava para cima, era maior do que a de um grande alguidar de amassar, e nesta figura redemoinha a água, de forma que, dizem os pilotos, tem já sucedido ali alagarem-se várias canoas, puxando-as para o fundo a força d'água".[4]

Não cessavam, neste ponto, as dificuldades da subida, pois menos de uma légua acima do jupiá há a cachoeira do Nhanduí-Mirim e logo depois uma corredeira. Com mais meia légua de percurso, chegava-se à do Taquaral – onde as canoas passavam descarregadas –, seguida muito de perto pela dos Três Irmãos e a do Tamanduá, que também é de descarreto. Entre esta última e o salto do Corau, a maior catadupa do Pardo, há, numa distância de três léguas, a sirga do Campo, a do Mato, e mais duas, assim como a cachoeira do Balo (ou Robalo). No Corau, em tudo semelhante ao salto de Itu, com pouco menos altura, segundo observa um viajante paulista,[5] existia, para as embarcações, varadouro em seco, de sessenta a setenta metros de comprimento; o das cargas era de perto de um quarto de légua. Não raro consumiam-se dois dias ou mais no trabalho de varação e no transporte de cargas volumosas.

Vencido esse salto, o mesmo que tem hoje a denominação de Amorim, seguia-se ainda uma série de cachoeiras de relativa importância, entre outras a do Campo, a de Manoel Roiz (do nome de um piloto que ali pereceu), a do Pombal ou Pomba, a do Sucuriú, a do Corriqueira, a da Laje Grande – onde as canoas eram carregadas numa extensão de oitenta metros, sendo de 130 o varadouro das cargas –, a do Embiruçu-Mirim, a do Embiruçu-Uaçu, a do Paredão, a do Formigueiro e, finalmente, a das Pedras de Amolar.

Meia légua acima desta última queda-d'água, entravam as

canoas pelo Sanguexuga, que, juntamente com o Vermelho, é um dos formadores do Pardo. Vadeável durante a estação seca, esse ribeirão mal daria passagem a outras embarcações, além das que se usavam correntemente no comércio do Cuiabá. Estas, com seu fundo achatado, conseguiam, no entanto, sem diminuição de carga, vencer a distância que separava da fazenda de Camapoã a confluência do Vermelho.

Num pequeno trecho de três léguas, as canoas que navegavam a montante ainda deviam enfrentar nada menos de quatro cachoeiras, onde costumavam ser descarregadas, total ou parcialmente. A subida do ribeirão era feita, em grande parte, com socorro de varas manobradas pelos pilotos. Em alguns lugares, como na cachoeira do Banquinho, tornava-se necessário, porém, o auxílio dos remos.

Os incômodos e riscos a que se expunham as frotas de comércios na navegação do rio Pardo eram bem conhecidos durante toda a era das monções. Pode-se ter ideia do que fossem essas dificuldades, considerando que as canoas destinadas ao Cuiabá gastavam, em muitos casos, cerca de dois meses para vencer, ali, o mesmo percurso que, no sentido inverso, era completado em sete dias e menos.

Todavia, as maiores facilidades que proporcionava esse áspero caminho para o transporte de certas mercadorias mais volumosas e pesadas, como artilharia e munições, permitiram que ele sobrevivesse longamente à abertura da estrada terrestre, através de Goiás.

As razões que determinaram a preferência dada ao rio Pardo, inclusive ao alto rio Pardo, sobre outras vias fluviais possíveis e porventura mais cômodas, foram sumariamente abordadas em capítulo anterior. É preciso acrescentar que, numa navegação longa e sem porto seguro, era de necessidade restringir ao mínimo qualquer contato com a terra firme. O breve varadouro de Camapoã correspondia bem a essa necessidade. Um estabelecimento permanente, em tal situação, permitiria evitar ou, ao menos, diminuir o risco de assaltos de gentio caiapó, que vagava nas comarcas a leste do Pardo e só sabia pelejar traiçoeiramente, atacando, em seus ranchos, as tropas descuidadas.

Assim o caminho do Pardo-Sanguexuga veio a tornar-se tão natural para as monções quanto o do Pardo-Anhanduí o fora para as bandeiras seiscentistas, que se dirigiam ao ocidente. Armados para a guerra e para a marcha a pé, empregando unicamente embarcações mal improvisadas, que fabricavam e abandonavam conforme lhes parecesse necessário, os bandeirantes não tinham conhecido os problemas que provocam a criação de uma rota comercial permanente e regular. Limitavam-se, por esse motivo, a percorrer o Pardo na parte mais baixa e limpa de cachoeiras, metendo-se logo no Anhanduí--Guaçu e alcançando mais tarde a bacia do Paraguai, por um dos seus galhos, provavelmente o atual Aquidauana, depois de vencer a pé a região em que hoje se estende o município de Campo Grande.

Se, como parece, é exata a identificação que propôs Paulo Prado, entre o Imuncimá, de certo roteiro castelhano de origem paulista, e o Pardo,[6] foi esse precisamente o caminho seguido no último decênio do século XVIII pela famosa bandeira que, sob o comando de Antônio Ferraz de Araújo e Manuel de Frias, alcançou a missão de chiquitos, dos padres da Companhia.

As tentativas efetuadas, já depois da Independência, com o propósito de reanimar a navegação do Anhanduí tiveram a princípio resultados promissores. Dizia-se que, nessa antiga rota de bandeirantes, era incomparavelmente menor do que no alto rio Pardo o perigo das cachoeiras. A mais séria desvantagem estava em que dificilmente se poderia levar a cabo sua navegação durante os meses de estiagem, devido aos muitos baixios de lajedo, em que as canoas eram forçadas a interromper o percurso.

Mais antiga talvez do que a rota Pardo-Anhanduí foi a do Ivinheima, outro afluente do Paraná. Sabendo-se que muitos sertanistas, nos primeiros tempos, frequentaram, de preferência ao Tietê, o Paranapanema, que era estrada mais fácil para as reduções do Guairá, nada há que admirar nessa escolha. Para atingi-lo na parte navegável, aqueles que saíam de São Paulo caminhavam catorze ou quinze dias a pé, e, em seguida, rodando esse rio águas abaixo, iam dar no Paraná. O Ivinheima, embora corra em direção contrária, é, do outro lado do Paraná, quase um prolongamento da estrada fluvial representada pelo Paranapanema. Uma vez verificada sua navegabilidade, que explorações mais recentes comprovaram, tudo indicava que seria essa a passagem natural para os campos da Vacaria e as fundações do Itatim.

Segundo se lê, em velho roteiro bandeirante, depois de subir por algum tempo o Ivinheima, costumavam os sertanistas tomar um dos seus formadores, provavelmente o Vacaria, e, ao cabo de dezoito dias de navegação, iam ter a um sítio, onde deixavam as canoas e faziam suas roças de plantação. Desse ponto caminhavam por terra durante oito dias, pouco mais ou menos, e atingiam as cabeceiras do Aquidauana.[7]

Na segunda metade do século XVII, alguns moradores de Sorocaba e Parnaíba teriam chegado ao ponto de criar aqui um arraial fixo.[8] O estabelecimento castelhano de Santiago de Xerez, arrasado anteriormente pelos paulistas, e as fundações jesuíticas do alto Paraguai, que por esta banda alcançavam as margens do Mbototéu (Aquidauana), ficavam no caminho dos sertanistas que subissem o Ivinheima.

Em carta datada de 1770, o morgado de Mateus reporta-se à tradição dessa primitiva via fluvial, ainda então frequentada por alguns raros comerciantes de Curitiba e que o governador vira assinalada em um mapa antigo. Verificou-se por esse documento que, saindo de São Paulo, aqueles sertanistas rumavam primeiramente para Sorocaba; daí para o lugar Woutucatu, que, a partir de 1719, foi fazenda dos jesuítas; de Woutucatu para São Miguel, redução jesuítica, de onde, costeando o rio pela margem esquerda, iam a Encarnación, a San

Javier, a Santo Inácio;[9] chegados a esta última paragem, tomavam embarcações no Paranapanema e, do salto das Canoas até à barra, gastavam vinte dias. Aqui, depois de descer o Paraná algumas léguas, entravam no Ivinheima por uma das suas três bocas, navegavam-no quase até às nascentes, venciam depois a pé as vargens da Vacaria, em direção ao Caaguaçu, deixando, à mão esquerda, as taperas de Vila Rica, à direita, as de Santiago de Xerez, e alcançavam, enfim, na altura de Santo Inácio, um dos braços do rio Paraguai.

Entre os inumeráveis projetos que concebeu o morgado de Mateus durante sua administração na capitania de São Paulo, não poderia deixar de figurar o da reabertura dessa via de comunicação com as partes centrais do Brasil. Para tanto, cogitou mesmo em restaurar o velho núcleo fortificado dos paulistas nos campos da Vacaria. O estabelecimento, conforme o plano do capitão-general, deveria situar-se mais ou menos entre as cabeceiras do Ivinheima e as do Miranda, antigamente chamado Araguari, ou as do ribeirão das Correntes, afluente do Aquidauana. Os povoadores seriam recrutados de preferência entre curitibanos, por serem estes, de todos os paulistas, os mais afeitos ao uso do cavalo e à vida campestre. Bem tratada e lisonjeada, tal gente prestaria certamente excelentes serviços na defesa contra o gentio; sem isso poderia desertar para os domínios de Castela, "por serem muito parecidos aos Castelhanos nos costumes".[10] A tal povoado estariam destinadas, com o tempo, funções semelhantes às que tinha a fazenda de Camapoã, na navegação do rio Pardo.

O que não chegou a realizar d. Luiz Antônio, efetuou-o, até certo ponto, o governo imperial, quando, a partir de 1854, tratou de incentivar as viagens pelo Ivinheima. A velha rota começou, nessa época, a ser mais praticada, abandonando-se de todo, ou quase, o trajeto pelo Camapoã. A varação pelo rio Nioac fazia-se a partir do Brilhante, sendo preferido este ao outro galho do Ivinheima, o Vacaria, que frequentaram tão assiduamente as bandeiras seiscentistas. O trato de terra de oito a nove léguas, que era a quanto chegava, neste ponto, o divisor entre as bacias do Paraná e do Paraguai, seria balizado, nas extremidades, por duas povoações. Chegou-se a dar princípio à execução desse plano, com fixação de dois destacamentos de 25 praças cada um nos portos do Brilhante e do Nioac. Diversos contratempos impediram, porém, que tal iniciativa produzisse todos os resultados esperados. Em compensação ela veio a permitir o crescimento do núcleo de Nioac, fruto dessa navegação.

Nos tempos coloniais, semelhante varadouro, três vezes mais extenso do que o de Camapoã, seria quase de todo impraticável, para um comércio regular e pacífico, devido aos índios bravos e também – conforme já se observou – à proximidade da fronteira paraguaia, que o expunha a ser facilmente cortado e ocupado pelos vizinhos do sul. Foi com o fim de evitar semelhante perigo que o barão de Melgaço, depois da Guerra do Paraguai, chegou a recomendar o restabelecimento da rota do Pardo-Anhanduí-Guaçu até ao ponto onde principiava a ser mais difícil a navegação. Desse ponto em diante, na direção da Vacaria e do Nioac, seria aberto um caminho de carros, empreendimento relativamente fácil em lugar pouco acidentado.[11] Domados, enfim, os caiapós e os ferozes índios cavaleiros, afastada, por conseguinte, a ameaça constante de seus insultos, era lícito cogitar no aproveitamento, para vias de comunicação terrestre, de um imenso carrasqueiro, onde o caminhante, nos seus percursos, pode, a qualquer momento, escolher a linha reta. A própria serra do Amambaí não oferece, ao menos do lado do Paraná, mais do que um leve declive, apenas sensível à vista.

Em um papel anônimo, sujeito ao Conselho Ultramarino, e escrito aparentemente no ano de 1695, já se acentuavam as vantagens desse terreno, geralmente plano e assentado, capaz de carros ou bestas carregadas e onde não existia outro perigo além do gentio guaicuru.[12] Perigo que, de resto, não se poderia impunemente desdenhar. O fato é que, em todo o correr do século XVIII, apenas aventureiros bem armados e acostumados ao sertão ousariam, por isso mesmo, internar-se nestas paragens remotas. Por outro lado, a bordo das canoas de monções, podiam livrar-se muito mais facilmente da ameaça, enquanto não se metessem no país dos paiaguás, canoeiros eles próprios e inimigos irreconciliáveis dos portugueses do Brasil.

A possibilidade de uma alternativa para a laboriosa subida do rio Pardo e a apertada navegação do Sanguexuga e do Camapoã não deixaria, em todo caso, de perseguir os sertanistas de São Paulo na era das monções. É verdade que essa rota, com todos os seus incômodos, acabara por prevalecer, de modo exclusivo, e não deixa de ser característico que mapas setecentistas, como o de Antônio Ruiz de Montesinhos, composto de acordo com observações realizadas em 1791 e 1792, assinalem todas as circunstâncias do curso do Pardo, bem conhecido dos pilotos de Araritaguaba, deixando, no entanto, de registrar a existência de outros afluentes da margem ocidental do rio Paraná.

Uma carta corográfica da capitania de São Paulo, pertencente hoje ao arquivo do Ministério da Guerra e publicada pelo sr. Afonso de Taunay, dá testemunho ainda mais expressivo – isso em 1795 – do esquecimento em que jaziam então os antigos caminhos fluviais para a Vacaria, pois compreende na designação de "Sertão Desconhecido" quase toda a área entre o Pardo e o célebre Iguatemi.[13]

Mas a imaginação dos que viajavam para o Cuiabá continuou acalentando perspectivas de um trajeto menos áspero. Tornou-se corrente em São Paulo a história de certa canoa que, escapando a um assalto do gentio paiaguá, nas vizinhanças do rio Cuiabá, navegara para o São Lourenço ao arrepio das águas, tomara um dos seus braços, o Piquiri, e com pequena varação passara para o Sucuriú, que se lança no Paraná, quase em frente à barra do Tietê. Acrescentava-se que, em todo o percurso, os tais navegantes não teriam sofrido o transtorno das cachoeiras, embora encontrassem muito índio caia-pó, motivo pelo qual foi desprezada mais tarde essa rota.

Registrando a crença de que o Sucuriú – ou o Verde, conforme queria outra versão – proporciona excelente via de acesso ao sertão cuiabano, sem a desvantagem do longo desvio pelo rio Paraguai, Lacerda e Almeida só descobria um inconveniente grave nesse caminho, o de deixar ao desamparo e talvez em proveito do castelhano um importante território, conquistado para Sua Majestade Fidelíssima, à custa de imensos trabalhos e sacrifícios dos paulistas.

Foram projetadas, aos poucos, expedições tendentes a verificar a notícia da navegabilidade do Sucuriú. Tinha-se como certo que as próprias dificuldades de tais empresas seriam pagas com usura, pelos grandes benefícios do comércio e a felicidade dos povos da capitania de Mato Grosso, onde era enorme a carestia dos gêneros, devido principalmente à sua custosa e arriscada condução. Essas reflexões são do governador Oeynhausen, em ofício dirigido, no ano de 1811, ao conde de Linhares, onde se dá conta dos preparativos para uma expedição destinada a explorar essa passagem.[14] Nenhum resultado favorável, ao que parece, decorreu de tal iniciativa ou de outras semelhantes. Os contemporâneos preferiram atribuir os malogros à má organização das expedições e à falta de mantimento suficiente para os exploradores.[15] O fato é que a crença na possibilidade oferecida pelo Sucuriú não sofreu forte abalo; nada tão expressivo do otimismo com que se encarava tal possibilidade do que as ordens expedidas em 1818, por um governador, a fim de se substituir ao nome tradicional desse rio o de Novo Tejo.

Seis anos depois desta data, o sargento-mor engenheiro Luiz d'Alincourt, a quem se devem admiráveis descrições das partes centrais do Brasil, ainda sustenta, em ofício dirigido ao ministro da Guerra do Império, a necessidade de se explorar meticulosamente o Sucuriú, pois, caso fosse navegável, como se dizia e ele mesmo acreditava, ficaria mais suave e menos dispendiosa a comunicação entre as províncias de São Paulo e Mato Grosso. E argumentava: "o trajeto de alto Sucuriú ao alto Itiquira é muito mais curto, comparativamente ao do Camapoã, que tem quase três léguas; o Itiquira entra no Piquiri, que vai confluir no São Lourenço e, navegando por este, águas abaixo, chega-se ao rio Cuiabá; a barra do Sucuriú, no Paraná, é muito perto da do Tietê, pois não se gasta meio dia na descida".[16]

Todas essas razões fundavam-se, na realidade, apenas em um conhecimento superficial e incompleto da geografia da região, pois nem existe só um breve varadouro para as margens do Piquiri, mas, ao contrário, um largo território de dezenas de léguas de extensão, cortado pelo alto Taquari, nem o Sucuriú é isento de cachoeiras e empecilhos, mas os tem e numerosos. Pode-se formar ideia das dificuldades de sua navegação, com o caso, narrado por Leverger, de um tenente que, em 1827, gastou dezessete dias para subir um mesmo trecho do rio que desceu depois em três dias e meio. Além disso, quem desejasse evitar o longo percurso a pé teria de transpor dois varadouros mais ou menos extensos, em lugar de um só: o primeiro, entre as cabeceiras do Sucuriú e as do Taquari, e o outro, entre este último rio e o Piquiri. Mas para isso seria preciso verificar, antes de tudo, se o Taquari é navegável em seu curso superior.

Não faltavam caminhos, aliás, para aqueles que, desafiando perigos de índios e de feras, ousassem, à velha moda bandeirante, fazer a pé grande parte do percurso, em direção às terras cuiabanas. Alguns meios de acesso a essas terras, além da derrota ordinária dos rios, vêm relacionados em um precioso texto dos primeiros decênios do século XVIII e só modernamente publicado, acerca dos diversos caminhos de que se serviam os moradores de São Paulo, para ir aos rios de Cuiabá e à província de Coxiponé.[17] Sabe-se, por esse documento, que, saindo do Tietê, havia quem navegasse apenas dois dias, entrando, em seguida, no Verde; depois de subir durante dez ou doze dias este rio, chegavam a um salto, onde eram deixadas as canoas. Desse porto, marchavam por terra cerca de 25 dias, até as margens do Piquiri, tomando aqui novas canoas, que os conduziam rumo ao São Lourenço e ao Cuiabá.

Já se mostrou, entretanto, como os riscos que acarretavam essa e outras rotas só parcialmente fluviais deveriam incompatibilizá-las com as conveniências de um trânsito intenso e regular, em que o ânimo aventureiro precisa subordinar-se às necessidades do tráfego comercial. Necessidades que aconselhavam a contar com as ameaças certas e previstas, por conseguinte suscetíveis de serem atalhadas em tempo, como o são os perigos de cachoeiras, e a evitar cautelosamente as imprevisíveis, sobretudo os assaltos dos indígenas.

Além disso, as marchas a pé anulavam, em grande parte, as vantagens decorrentes da maior facilidade de transporte nas canoas; vantagens que fizeram com que o caminho fluvial do Pardo pudesse sobreviver longamente à abertura da estrada terrestre de Vila Boa de Goiás. O simples fato da viagem pelo rio Pardo e pelo ribeirão de Sanguexuga deixar as canoas à menor distância dos cursos d'água da bacia do Paraguai contribuiu, sem dúvida, para a escolha dessa via de comunicação durante o século XVIII. No lugar de Camapoã, o divisor não chega a quinze quilômetros de um extremo ao outro e a varação e transporte das cargas efetuava-se em condições relativamente favoráveis.

Só as vantagens que proporcionava essa varação breve e sofrivelmente cômoda poderiam ter levado os sertanistas a suportar a tormentosa derrota do alto rio Pardo e as aperturas do Sanguexuga. A fundação, por volta de 1728, de um sítio de cultura no Camapoã, onde os viajantes podiam achar mantimento, agasalho e bois de carga para a condução de suas mercadorias, constituiu um fator da maior importância na história do comércio do Cuiabá. Antes disso, os navegantes que iam por esse caminho costumavam deixar as canoas à altura do salto do Cajuru e levavam suas fazendas às costas, por terra, até ao Coxim, onde os esperavam outras embarcações. Alguns, depois de abrir roças e lançar plantações, precavendo-se para o regresso, preferiam seguir a pé para o Cuiabá, no que podiam gastar um mês ou pouco menos.

Os inconvenientes do longo transporte por terra, principalmente enquanto o recurso às bestas de carga não chegara a generalizar-se, ou era pouco praticável nestes sertões, parecem justificar a extensão do itinerário fluvial até as margens do Sanguexuga. Com o tempo, fizeram-se nesse porto as acomodações indispensáveis para um trajeto assíduo. Chegando ao Camapoã, já encontravam, os navegantes, grandes carros de quatro rodas, puxados por seis a oito juntas de bois, que se destinavam expressamente ao transporte de canoas. A carga ia em carros menores, de duas rodas apenas, quando não às costas dos negros. Em poucas horas de trajeto, por entre capões de mato e campos cerrados, chegava-se à sede da fazenda de Camapoã, junto ao ribeirão do mesmo nome. Era aqui que os viajantes tratavam de reformar seu mantimento e retemperar energias para o prosseguimento da jornada.

Situada ao meio da rota do comércio do Cuiabá, em posição imposta pela geografia aos pioneiros da ocupação do Brasil Central, Camapoã estaria destinada, talvez, a transformar-se em entreposto comercial de primeira ordem, se a decadência da mineração e a concorrência, mais tarde, de outras vias comerciais não tivessem matado em gérmen essas possibilidades. A leitura de antigos relatos de viajantes está muito longe, aliás, de sugerir que o trabalho dos homens, aqui, tivesse correspondido, em qualquer momento, às vantagens dessa situação. Passagem obrigatória para uma zona pioneira, Camapoã parece ter permanecido, entretanto, quase alheia à agitação tumultuosa dos centros de mineração. Contentou-se com um ritmo sonolento e rotineiro de velha fazenda sertaneja, mal interrompido, de vez em quando, pelo movimento das frotas. Viveu parasitariamente, à margem das ambições dos caçadores de ouro e de aventuras, preferindo os lucros mais seguros da carregação das canoas e da venda de gêneros aos passageiros.

A gente do lugar, bronca e indolente, compunha-se em sua totalidade de mestiços, nos quais o sangue africano tinha papel importante, senão predominante. Ao tempo de Hércules Florence, isto é, já no século passado, essa gente distava pouco do estado selvagem, vestindo-se unicamente de ceroulas, quase de tanga; só mesmo os mais endinheirados davam-se ao luxo de usar calças e camisas de pano grosseiro. Viviam geralmente sem os socorros da religião e sem quem os confessasse nas ocasiões de perigo. Alguns ocupavam-se de escassas plantações de mantimentos, da criação de capados e galinhas, da fabricação de rendas, panos toscos de algodão e louças para seu uso. Ao contato dos índios do lugar, a população tinha adquirido um falar arrastado e desagradável, "que fazia fugir", comenta Lacerda e Almeida.

Do porto à fazenda, os viajantes, mesmo os mais grados, como um d. Antônio Rolim de Moura, tinham de caminhar a pé, devido ao pouco número ou ao pouco préstimo dos animais de sela. Os carros nunca seriam em quantidade suficiente para o transporte de todas as canoas e cargas de uma só vez, de modo que efetuavam várias viagens para cada frota que chegasse. Lerdos e provavelmente mal nutridos, os bois de tração não suportavam o menor esforço ao calor do sol, e por isso as carregações eram feitas quase só à noite. Embora cada carro fosse puxado por diversas juntas, isso pouco alteraria a situação, se é certo, como afirmou o conde de Azambuja, que três ou quatro juntas faziam o serviço de um boi "dos nossos".

O transporte entre o porto de Sanguexuga e a sede da fazenda de Camapoã não era das menores fontes de lucro para os sócios da fazenda, que sabiam tirar todas as vantagens possíveis de seu monopólio. No ano de 1788, a condução de uma canoa custava tanto como 20 mil-réis, moeda da época, e cada carrada, 9,6 mil-réis. O pior é que nesse chapadão não cessavam os insultos do gentio caiapó e, assim, carros e passageiros só podiam deslocar-se em grupos e sob a escolta de homens bem armados.

Na sede da fazenda, além das casas de sobrado telhadas e outras menores, de pau a pique, cobertas de sapé e capazes de acomodar muita gente, existia capela e senzala de escravos, tudo disposto desordenadamente, em volta de um largo pátio. Como a conveniência dos donos era que se demorassem os passageiros, havia muito gado de corte (mais de seiscentas cabeças, só de bovinos, em 1751), embora de qualidade inferior, além das plantações de legumes, milho e cana-de-açúcar. Durante as festas de irmandade e funções de igreja, que foram sempre numerosas, não obstante a escassez de sacerdotes, gastavam-se cada ano, nas épocas de maior prosperidade, mais de cem capados. A maior falta de que padeciam os moradores era, sem dúvida, a do sal, verdadeira raridade aqui, como aliás em quase todos os povoados sertanejos. Muitas pessoas tratariam de remediar essa falta, abusando largamente da canjica de milho, que dispensava qualquer tempero.

Em Camapoã costumavam as frotas renovar suas provisões de farinha de milho, fubá, feijão, arroz, galinhas e porcos. Não há notícia de que a farinha de mandioca, de uso tão generalizado no litoral brasileiro, tivesse grande consumo por estas paragens. Para fabricarem a de milho, recorriam os moradores ao rústico monjolo. Depois de 1820, privados dessa máquina por uma inundação do rio, que carregou a única então existente, já se contentavam, para o mesmo fim, com pilões simples, manejados pelos negros de serviço. O pouco estímulo para os negócios, numa ocasião em que já se achava quase abandonada a navegação pelo Pardo, e também a indolência natural dos habitantes impediam que nessa, como em outras indústrias, se fizesse qualquer progresso.

Ao lado dos comestíveis, proviam-se os navegantes, em Camapoã, de aguardente de cana e fumo em rolo, dois gêneros que, nas palavras de um viajante, eram para os trabalhadores o mesmo que o maná para os israelitas.[18]

Junto ao lugar onde ficavam as casas, levava o rio Camapoã pouca água e sua navegação tornava-se tão embaraçosa que quase todos, principalmente durante as estiagens, preferiam marchar por terra até a confluência com o Camapoã-Guaçu, gastando pouco mais de meia hora, para o mesmo percurso que as canoas faziam em dois ou três dias. Mesmo depois de engrossadas as águas do ribeirão, não desapareciam, entretanto, os embaraços.

O aspecto geral do rio Camapoã é comparável, em muitos pontos, ao do Sanguexuga, mas, ao oposto deste, que banha, em parte, extensas pastagens, despidas de qualquer arvoredo, o percurso fazia-se, nele, por entre matagais espessos e com raízes à flor da terra. Por isso mesmo, durante as cheias, caíam das ribanceiras muitos paus, atravessando-se de lado a lado sobre a estreita corrente. Alguns desses troncos ficavam a tão pouca altura, que quase rasavam as canoas, e por esse motivo chamavam-lhes "rasouras". A fim de evitar o perigo que isso acarretava, muitas vezes, iam à frente os batelões ou canoas de montaria, levando gente e machados para os cortar e deixar desimpedida a navegação. Há notícia de que em uma só viagem, entre a fazenda de Camapoã e a foz do rio, foram cortadas, dessa maneira, nada menos de oitenta tranqueiras.

Devido ao pequeno cabedal de água e aos numerosos baixios, as canoas desciam o rio levando somente metade da carga. Em ranchos de folhas de palmeira situados junto à embocadura, abrigava-se, sempre com alguma pessoa de guarda, a carga assim levada; em seguida voltava a frota à fazenda para conduzir o resto, gastando, em toda esta diligência, vinte dias e mais.

A forte correnteza do rio trazia outro perigo muito grave, que era o de impelir as embarcações, com violência, sobre escolhos de toda sorte. O recurso de que se serviam os remeiros para evitar choques e abalroamentos eram as varas, que funcionavam neste caso como freios.

O mesmo risco e também o dos madeiros derrubados não

desaparecia ao entrarem as canoas no Coxim, chamado por um viajante o cabo tormentoso da navegação do Cuiabá. Embora relativamente largo, se comparado ao Camapoã, esse rio não o é a tal ponto que impeça os colmos das taquaras, debruçados das ribanceiras, de formarem verdadeiras arcadas sobre as águas. Há nisto um dos espetáculos aprazíveis, que o viajante podia encontrar nestas paragens, e dele nos deixou Florence uma animada descrição. Em alguns pontos, no boqueirão das Fumas, por exemplo, o canal não mede mais de dez ou doze metros entre as duas margens. Por vezes, a água abre caminho entre barrancos abruptos, de mais de cinquenta metros de altura. Muitos navegantes se admiraram do proveito que poderia tirar, e não tirava, o gentio caiapó, tão belicoso e inimigo dos cristãos, se, do alto dos montes, lançasse pedras sobre as canoas. Com uma acometida dessa ordem, onde o agressor não chega a arriscar-se, poucas embarcações escapariam incólumes.

O grande perigo a que se expunha, neste rio, o viajante eram, porém, as cachoeiras. Do ponto onde as águas do Camapoã se despejam no Coxim, até o Taquari, contam-se nada menos de 22. Destas, apenas quatro – a das Fumas, a do Avanhandava-Guaçu, a do Avanhandava-Mirim e a da Ilha – obrigavam a descarregar inteiramente as canoas e arrastá-las sobre os rochedos das margens. As outras podiam ser varadas, sem dificuldade, indo as embarcações à meia-carga. Eram contudo um grande estorvo para a navegação que, a montante, como a jusante, se fazia, no Coxim, em oito ou dez dias.

Vencida a última cachoeira do Coxim, a da Ilha, toda ela de descarreto, os que faziam a derrota para Cuiabá entravam no Taquari. É este um rio vistoso e alegre, povoado de ilhotas, abundante de pescado e caça, com boas praias e mato limpo. Logo abaixo da boca do Coxim enfrentava-se o primeiro obstáculo à sua navegação, que é a chamada cachoeira da Barra. Neste ponto costumavam os trabalhadores aliviar as canoas de parte da carga, quando iam cheias – como era quase sempre o caso na viagem de ida para Cuiabá –, ou esvaziavam-nas por completo, a fim de as tornar mais boiantes.

Durante cerca de um quarto de légua, precipitam-se as águas furiosamente por entre canais de pedra muito estreitos e penedias de grande inclinação, formando, em alguns lugares, uma sucessão de pequeninos saltos, que exigiam vigilância contínua da parte dos pilotos.

Aqui principiava o país do gentio cavaleiro. Passada a foz do Coxim, há mesmo um sítio que os comerciantes do Cuiabá chamavam ordinariamente Passagem do Cavaleiro, e por ela os guaicurus – como ainda em nossos dias são conhecidos esses índios – costumavam atravessar o rio. O meio de que se serviam muitos para se livrar dos seus insultos era levantar os pousos no meio do mato pois, ao oposto dos caiapós, o guaicuru só combatia em campo raso e onde pudesse movimentar-se facilmente com seus cavalos.*

O aparecimento desse gentio na estrada fluvial para as minas do Cuiabá não deve ter provocado a mesma surpresa que causaram os paiaguás. Dizem as crônicas que, até 1725, ninguém sabia ao certo que índios seriam estes, tão destros na arte de navegar, nem onde habitavam, nem que nome tinham. Os guaicurus, ao contrário, eram antigos conhecidos dos bandeirantes. Os paulistas que primeiro penetraram os sertões da Vacaria encontraram-nos de posse de cavalgaduras e de armas de procedência europeia, como terçados e facões. As planuras que habitavam, os instintos predatórios que os caracterizavam e sua vida ambulatória, os deviam ter predisposto, de longa data, ao uso do cavalo, introduzido por espanhóis. Essa aqui-

---

* As dificuldades impostas pelos guaicurus e paiaguás foram pesquisadas profundamente por Sérgio Buarque de Holanda em diversos textos: 1) na versão reescrita deste capítulo, "As estradas móveis", originalmente publicada na edição de 1990 de *Monções*, nas pp. 284-5; 2) em *Caminhos e fronteiras*, no capítulo "Frechas, feras, febres"; 3) por fim, em *O Extremo Oeste*, 1986, pp. 65-87, onde o autor desenvolveu significativamente os estudos sobre a relação entre tais grupos, portugueses e espanhóis. O primeiro e o terceiro textos doravante fazem parte de *Capítulos de expansão paulista*.

sição deu-se, certamente, nos momentos iniciais da colonização e foi tão rápida que, em geral, as mais antigas reminiscências deixadas no conquistador, por semelhantes tribos, já os apresentam inseparáveis dos seus cavalos.[19]

Assim devem ter aparecido aos homens de São Paulo que transpuseram o rio Paraná, rumo ao Oeste, em começos do século XVII. "Os primeiros que deram notícia destes bárbaros foram os paulistas" – afirma-nos um deles – "e já os encontraram senhores de grandes manadas de gado vacum, cavalar e lanígero."[20] Não admira, pois, se ganhou crédito, durante algum tempo, a suspeita de que estes animais seriam autóctones nessa parte do continente e não obtidos por furto ou permuta com os cristãos. Parecia reforçar tal suspeita a circunstância de os guaicurus terem, em sua linguagem, nomes próprios para os designar, ao passo que as demais tribos indígenas conservaram, para o cavalo, designações já usuais entre as nações civilizadas de quem o obtiveram.

Embora não se conheçam as etapas históricas dessa aquisição, tudo inclina a crer que ela não terá exigido da parte do guaicuru nenhuma readaptação violenta a novas normas de existência. Em outras palavras, sua vida não precisou suportar nenhuma transformação verdadeiramente radical para acomodar-se ao uso do equino. Quando muito terá encontrado, no recurso ao animal importado, um poderoso estímulo e reforço a tendências preexistentes.

Pode-se imaginá-los, já antes da conquista, em constantes correrias pelas campinas da bacia do Paraguai, fiados apenas em suas pernas ágeis e numa surpreendente capacidade de resistência ao cansaço. Não faltam mesmo depoimentos, notadamente de procedência castelhana, para confirmar tal impressão. Nos Comentários do "adelantado" Cabeza de Vaca, redigidos em meados do século XVI pelo escrivão Pero Hernandez, descrevem-se esses indígenas como "tan ligeros y recios, que corren tanto tras los venados, y tanto les dura el aliento, y sufren tanto el trabajo de correr, que los cansan y loman a mano...".[21] De modo que, longe de ter tornado personagem intrusa e supérflua, o cavalo deveria coordenar-se a semelhante sociedade, como o órgão de uma função necessária.

Enriquecidos desse órgão, puderam os guaicurus tornar-se facilmente temíveis às outras tribos, bem assim como aos cristãos. Desenvolveram-se neles, ao extremo, o gênio vagabundo, o temperamento agressivo, a vocação invencível para a rapina. É expressiva, a esse propósito, uma das tradições de sua mitologia, onde se narra a criação do mundo e dos homens. Segundo tal tradição, o Grande Espírito, ao formar os seres humanos, teve o cuidado de dar a cada povo um atributo particular. Aos brancos, por exemplo, deu o gosto do comércio. A outros, a aptidão para a lavoura. O guaicuru, que fora esquecido na partilha, teve de sair à procura do Grande Espírito, a fim de conhecer sua sina. Correu, de um extremo a outro, o vasto deserto do Chaco, interpelando bichos e plantas. Ao cabo da longa peregrinação, deu certo dia com o gavião caracará, que assim lhe falou:

– Queixas-te sem motivo, pois teu quinhão é o melhor. Uma vez que nada recebeste, trata de tomar o que pertence a outros. Esqueceram-se de ti, e por isso deverás matar todos aqueles que surjam em teu caminho.

O guaicuru não deixou de cumprir o conselho e, para começar, matou a pedradas o próprio caracará. Desde então pôs sempre seu orgulho em saber praticar à risca as lições do infortunado mestre.[22] A violência, a agressividade, a rapinagem, tornaram-se, assim, virtudes nacionais, que ele procurou exercer indiscriminadamente contra todos os que se intrometiam em suas terras. Até fins do século XVIII, foram os cavaleiros um dos grandes flagelos dos navegantes e também de numerosos lavradores de Cuiabá e Mato Grosso, calculando-se, por volta de 1795, em mais de 4 mil o número de paulistas e outros portugueses vítimas de sua sanha.[23]

Não há notícia da época exata em que principiaram as agressões desses índios aos que navegavam entre Camapoã e

Cuiabá. É provável, no entanto, que, confinados inicialmente à Vacaria e outras áreas mais ao sul, tenham sido atraídos para a região do alto Taquari só muito depois de inaugurada a passagem das frotas pelo Camapoã, e animados, talvez, pelos sucessos ruidosos que, a partir de 1725, alcançou, nos seus assaltos, o gentio paiaguá.

O fato é que, quando começou a avultar a afluência de mineiros e comerciantes para o Cuiabá, a ideia de povoar terras do Taquari, no intuito de se abastecerem as frotas de comércio, ainda não parecia impraticável a certos aventureiros. Um deles, o ituano João de Araújo Cabral, chegou a fixar-se com sítio de cultura na barra do rio Coxim e, desse modo, "tinha servido de grande utilidade aos passageiros para as [...] minas, assim nas invernadas como para se proverem de mantimentos".[24] Por ocasião da viagem de Rodrigo César de Menezes, em 1726, o estabelecimento já dava algum fruto, pois consta que nele se abasteceu de mantimentos, no valor de 250 oitavas de ouro, a frota em que viajava o capitão-general de São Paulo.[25]

Abaixo das terras de João de Araújo e também na margem do Taquari, da parte direita do rio, estabeleceu-se, pela mesma ocasião, Domingos Gomes Beliago, o que primeiro introduziu gado vacum neste sertão, conforme já ficou dito em capítulo antecedente.[26]

Ao lado desses nomes, o de um Luiz Rodrigues Vilares – que, depois de se ter estabelecido junto à barra do Camapoã--Guaçu, onde sofreu muitos incômodos com a vizinhança do caiapó, assenhoreia-se das terras situadas junto à boca do Taquari – e o de um Manoel Goes do Prado – que em 1727 solicita e obtém sesmaria junto às roças de João de Araújo – assinalam o começo da ocupação de um vasto território que, povoado e cultivado, traria seguros benefícios às frotas. Mas esse movimento povoador, iniciado com certo afã entre 1723 e 1730, bem cedo se interrompe: as restingas voltam logo ao seu primitivo estado, e as pastagens são rapidamente abandonadas pelos colonos. Nada explicará esse malogro se não admitirmos que então, e só então, surgiu bruscamente nestas paragens o gentio cavaleiro, atraído talvez pelas possibilidades que a seu gênio predatório ofereciam as monções de povoado.

A presença daqueles pioneiros, sobre os quais silenciam historiadores e cronistas, seria recordada; apenas, no nome dado a uma cachoeira do Taquari: a do Beliago. Tão vaga recordação que, já em fins do século XVIII, quase não havia quem escrevesse esse nome, sem torná-lo irreconhecível. "Belial" é como lhe chama, por exemplo, o tenente-coronel Cândido Xavier de Almeida e Souza. E acha necessário notar que em nada pode assemelhar-se essa queda-d'água "áquelle spirito infernal do mesmo nome, incombido da impureza e da sensualidade".[27]

Situada a pouca distância da cachoeira da Barra, a do Beliago caracteriza-se por numerosos baixios e ilhotas. O canal é exíguo e passava-se por ele com dificuldade extrema. É esta, pela rota ordinária, a 113ª e última cachoeira que encontrava o viajante saído de Porto Feliz, com destino ao Cuiabá. Vencido tal obstáculo, no que consumiam muitas vezes um dia inteiro, desciam as canoas por longos estirões de navegação limpa e desembaraçada.

O grande problema, em alguns lugares, estava em encontrar-se fundo suficiente por entre os inumeráveis bancos de areia. Mesmo pilotos habilidosos e experimentados enganavam-se com frequência nestes lugares, desviando-se do leito principal. Não raro ficavam as embarcações encalhadas no meio das pedras, e então era preciso abrir caminho com o auxílio de enxadas e de outras ferramentas. Quando o rio se espraia, alargando extensamente as margens, ficam a descoberto as copas de algumas árvores; por essas manchas de verdura orientavam-se então os práticos, a fim de distinguirem o verdadeiro canal. No tempo das cheias, que principia em maio e vai até setembro e outubro, nem tal precaução era necessária, pois os navegantes que chegassem ao sítio de Pouso Alegre, quinze ou vinte léguas abaixo da cachoeira do Beliago, podiam deixar tranquilamente o álveo do rio e, segundo o estado das águas, atravessar os campos e pauis alagados da margem direita para atingir o Paraguai no lugar de Três Bocas, ou o São Lourenço na fazenda do Alegre, ou o próprio rio Cuiabá em alguma paragem não muito distante da vila desse nome, geralmente na tapera do Bananal. O difícil, em tais ocasiões, era descobrir terreno apropriado para pouso, conquanto sempre houvesse capões de mato sobranceiros à água. De resto, mesmo quando o rio estava em sua menor altura, não era fácil, muitas vezes, encontrar, pelas margens, lugar perfeitamente enxuto e abrigado.

Mais de vinte léguas antes de chegar à foz, divide-se o Taquari em muitos e sinuosos braços, por onde despeja suas águas no Paraguai. Nesse terrível labirinto de canais, baías, escoantes e furos, perdiam as canoas muito tempo pelas veredas falsas, forçando passagem entre os aguapés. Até 1780, aproximadamente, costumavam alguns pilotos dirigi-las ao Paraguai, por um galho do Taquari, que principiava uma légua abaixo do Pouso Alegre; no entanto, alguns anos mais tarde, achava-se essa passagem inteiramente obstruída pelas areias.

Chegando ao Paraguai, as primeiras frotas paulistas, em vez de tomar a madre, preferiam, ao que parece, entrar por um furo da margem esquerda – o chamado Paraguai-Mirim –, evitando, dessa forma, a grande volta que dá aqui o rio. Ainda em 1758 foi esse o caminho praticado pela expedição de d. Antônio Rolim de Moura. Entretanto trinta anos depois, o capitão engenheiro Ricardo Franco de Almeida Serra gastou nada menos de catorze dias em percorrer as 11,5 léguas que mede o furo de um extremo a outro, e achou sua navegação das mais intrincadas e penosas.[28]

A subida do Paraguai até a confluência do São Lourenço – o antigo Porrudos – efetuava-se em grande parte com o socorro de zingas ou varas, quando não bastassem remos para vencer as correntezas. Era impossível, com isso, evitar certa morosidade no trajeto, que demandando a montante oito a dez dias, fazia-se, no sentido contrário, em cinco dias e menos.

Quase tudo quanto se possa dizer da navegação do Paraguai aplica-se, sem diferenças notáveis, à dos outros rios da extensa área de cerca de 175 mil quilômetros quadrados[29] que abrangem os pantanais. Especialmente o São Lourenço e o Cuiabá, até a vila do mesmo nome, ofereciam dificuldades em tudo semelhantes às que perturbavam essa navegação. Assim, se a subida, em tempo seco, consumia cinco ou seis dias no São Lourenço, desde a barra até a confluência do Cuiabá, e quinze neste último rio até a vila do mesmo nome, a descida fazia-se respectivamente em dois dias no São Lourenço e em seis ou sete no Cuiabá.

Se durante as viagens de volta ao Camapoã e Araritaguaba os ventos do sul, que sopram na estação seca, concorriam, não raro, para retardar a descida do Paraguai, o mesmo podia ocorrer nas demais vias fluviais da baixada. Em 1801, os homens da expedição Cândido Xavier viram-se forçados, na descida do São Lourenço, a permanecer acantonados durante cinco dias no monte do Caracará, à margem meridional do rio, devido à violência do vento sul. O resultado é que gastaram nesse curso d'água três ou quatro vezes o tempo ordinariamente consumido em sua navegação pelas canoas das monções.

Em fins do século XVIII, quando tinha passado o maior perigo de assaltos do paiaguá e do cavaleiro, fundaram-se nas margens do São Lourenço e mesmo do Paraguai, nos terrenos mais elevados que o pantanal periódico não atinge, algumas fazendas de criar gado e roças de feijão e milho. Foi em um desses sítios privilegiados, assente à margem direita do Paraguai, que se estabeleceu em 1778 o povoado de Albuquerque, núcleo primitivo da atual cidade de Corumbá.

Situada em face da ilha do Paraguai-Mirim, esse centro fortificado proporcionava, até certo ponto, aos navegantes, vantagens idênticas às que oferecia a fazenda do Camapoã.

Proporcionava, principalmente, a possibilidade do repouso durante uma viagem trabalhosa e árdua. Por muito tempo constou apenas de um grande pátio fechado, com casas em torno, formando quatro lances e um portão em frente ao rio. Oito anos depois de seu estabelecimento, em uma das vezes em que por ali passou o capitão Ricardo Franco de Almeida Serra, sua população permanente não ultrapassava duzentas almas, mas as roças de milho e feijão, plantadas pelos moradores, já davam para o consumo local e também para o abastecimento das frotas de comércio. Havia, além disso, muito algodão que, fiado e tecido no lugar, era mandado a Cuiabá, onde o trocavam por miudezas necessárias.

A bananeira, introduzida pelos paulistas logo ao início da conquista e que viria a fornecer, juntamente com o arroz-bravo, a base da dieta vegetal de uma das raças indígenas do pantanal – os guatós –, representava talvez a única planta frutífera de certa importância nestas paragens. Não admira, pois, se o nome de "Bananal" chegou a desempenhar papel significativo na geografia local, associado, com frequência, a certas ilhas ou colinas menos acessíveis à água das enchentes e onde a musácea se aclimou com êxito.

É de notar que muitas dessas colinas foram erigidas pela mão do homem, como o famoso bananal do rio Cuiabá, cuja origem é atribuída aos irmãos João e Lourenço Leme. Segundo crença corrente na era das monções, foi com o auxílio do gentio guató, reduzido à escravidão, que os dois terríveis potentados conseguiram transportar, de lugares distantes, grandes quantidades de terra, para a construção dessa verdadeira ilha artificial entre as lagoas a leste do rio.

Outros "aterrados" do Pantanal parecem ter tido início mais remoto e menos memorável. Consistem sobretudo em amontoados de conchas fluviais, recobertas de uma capa de húmus, e que alguns etnólogos não consideram essencialmente distintos dos casqueiros e sambaquis litorâneos. Pretende uma tradição generalizada entre os guatós que, não apenas a construção dos aterrados, como o plantio das bananeiras existentes em parte dessas colinas, são obra de um povo misterioso que os precedeu na região.[30]

A míngua de frutas comestíveis era compensada, em parte, pelos palmitos, que se dão em certos lugares das margens do rio Paraguai. Uma característica de quase toda essa área é a ocorrência de associações vegetais, formando *habitat* isolado. Já se observou, a propósito, que nenhuma outra região restrita do Brasil comporta número tão considerável de termos locais para significar agrupamento ou predominância de determinadas plantas: "carandazal", "paratudal", "piuval", "buritizal", "acurizal", "pirizal", "pajonal", "espinhal"...[31]

Riqueza bem mais ostentosa e multiforme, contudo, é a que apresenta aqui o reino animal. Nos relatos de viajantes que percorreram outrora estes rios, deparam-se, não raro, expressões de puro êxtase, diante da profusão de caça e pescado que oferece a área dos pantanais. O bugio, o jacaré, o tatu, a jacutinga, o jaó, o macuco, o mutum costumavam fartar os que navegavam o Paraguai e seus afluentes. As canoas de montaria traziam, dessas esquisitas iguarias, quantidades que ultrapassavam, frequentemente, a capacidade de consumo das equipagens. O que não é de espantar, quando se lê na crônica de certa expedição, que um veado morto nas campinas do Taquari e repartido entre as 69 pessoas da frota deu comodamente para todos.

A fauna fluvial era igualmente opulenta, incluindo, só entre espécies escamosas, peixes como o pacu, o dourado, a piracanjuba, a piraputanga, o piabuçu..., e entre as outras castas – os chamados peixes de couro, mais frequentes nos meses das águas –, o jaú, o pintado e o fidalgo. Ainda em nossos dias, um ditado corrente naquelas paragens afirma que "quem comer cabeça de pacu não sairá mais de Mato Grosso".

No rio Cuiabá, as grandes pescarias de pequira, para fabricação de azeite, constituiriam, com o tempo, uma das raras indústrias da região. O peixe, lançado em caldeiras, fervia-se no próprio lugar da pesca e, durante o tempo seco, o espetáculo das fogueiras preparadas com esse fim era obrigatório nas praias cuiabanas.

Mas o bom pescado, para alimentação e outros misteres, representava, talvez, o único proveito que se poderia retirar dos rios do Pantanal. Nem para saciar a sede serviam suas águas, tão quentes – assinala um autor setecentista – que não precisaria aquecê-las quem quisesse barbear-se. E ao lado dos peixes úteis abundavam, nessas mesmas águas, as espécies daninhas como a piranha ou tesoura e a arraia, que tornavam impossíveis os banhos de rio. "Ninguém se pode lavar" – dizia um viajante em 1784 – "porque tiram pedaços de carne e já têm chegado a castrar alguns sujeitos, e o que vale é que como nos rios onde elas há, não há cachoeiras, nem baixios, não é preciso caírem n'água nem Pilotos e proeiros, nem os pretos, como a cada passo sucede onde há cachoeiras e baixios."[32]

Ao incômodo que tudo isso representa para os navegantes é preciso acrescentar-se ainda o tormento dos mosquitos. Não há diário ou carta de passageiro de monção onde as perseguições que aos viajantes moviam os insetos não sejam pintadas com vivo colorido. A "praga" surgia na ocasião em que, baixando as águas, principiavam a aparecer as grandes extensões de campanha enxuta. Nos pousos procuravam muitos mareantes os galhos elevados de certas árvores, pois a experiência demonstrara que, em regra, as nuvens de mosquitos não sobem a mais de cinco ou seis metros, quando muito, acima da superfície do solo.

Alguns homens abrigavam-se nos mosquiteiros, que tinham, ao lado dessa, a utilidade de fornecer, nas noites fechadas, proteção eficaz contra morcegos. Em certos sítios povoados, tamanha era a quantidade de quirópteros que não deixavam em sossego a criação doméstica e chegavam a impedir seu aumento. Não devia causar surpresa, por isso, o extremo zelo que os pobres moradores de Corumbá, já nos primeiros tempos da povoação, dedicavam a seu gado, construindo currais bem barreados onde recolhiam, à noite, os bezerros, com grande trabalho e despesa.[33]

A principal causa de desassossego que tiveram durante longo tempo os viajantes, desde que se iniciou o trajeto regular destes rios, rumo às lavras cuiabanas, era, porém, o gentio paiaguá, já referido no capítulo antecedente. Terríveis e sem conta foram os desbaratos praticados por esses índios, nas frotas de comércio, e o assalto que deram à monção que conduzia, de volta ao povoado, o ouvidor Lanhas Peixoto só é o mais famoso, porque nele se perderam, para a Coroa, sessenta arrobas de metal precioso.

Esses índios acometiam ordinariamente de surpresa e sempre com tremenda algazarra, saindo dos sangradouros e ribeirões, em pequenas canoas de oito a dez tripulantes, depois de terem vigiado longamente as frotas e medido as próprias possibilidades e as do adversário. Utilizavam arcos e frechas, e principalmente breves lanças muito agudas, com que feriam, ora de perto, ora de arremesso. Empenhavam-se, durante os combates, em molhar as armas de fogo dos seus inimigos, sabendo que, por essa forma, se livrariam do dano que delas podiam receber. Escolhiam, de preferência, nas suas investidas, sítios onde a navegação era mais dificultosa para as canoas de comércio. Às vezes, entretanto, ousavam dar combate às frotas na própria madre do rio Paraguai – como ocorreu em 1726, quando assaltaram e destroçaram a monção em que ia o regente das minas, João Antunes –, mas tais casos constituíam verdadeira raridade, e só se davam quando a vantagem dos atacantes era absolutamente manifesta.

As necessidades de defesa contra essa ameaça permanente explicam algumas das medidas de cautela empregadas, desde cedo, nos rios da área do Pantanal. O próprio uso de irem as embarcações sempre em conserva, jamais isoladamente, prende-se sobretudo a tais necessidades. No diário de Aguirre, pintam-se as canoas paulistas convenientemente armadas e petrechadas para poderem fazer frente aos insultos dos paiaguás.[34] É provável que assim sucedesse em alguns casos excepcionais; a regra era serem as frotas acompanhadas de barcos armados só a partir do ponto em que as acometidas começavam a fazer-se habituais e frequentes.

Nesse ponto, geralmente o lugar de Pouso Alegre, à margem do rio Taquari, uma ou mais embarcações que todos os anos, no tempo próprio, saíam de Cuiabá, ficavam à espera das frotas para comboiá-las, em seguida, até o fim da jornada. Assim também quando o percurso era efetuado em sentido inverso, as canoas que se recolhiam a São Paulo vinham acompanhadas até esse ponto por barcos armados, a fim de, unidos todos, fazerem uma força capaz de resistir ao gentio contrário.

Todas essas precauções tornaram-se supérfluas desde que, em fins do século XVIII, deixaram os paiaguás de contar com o apoio dos guaicurus, seus antigos aliados. Privado subitamente de tão poderoso auxílio, esse gentio, até aqui feroz e indomável, deixa de representar um perigo mortal para os navegantes. A destreza, a agilidade que sabia demonstrar nas águas com as suas leves canoas, habilitara-o, antes disso, a exercer sua atividade de corso em todos os rios da baixada, até bem perto da vila de Cuiabá. O certo, porém, é que nada podia ou fazia, quando abandonado exclusivamente às próprias forças. E assim como conseguira impor-se somente depois que ficara reduzido à impotência outro povo anfíbio, seu inimigo tradicional – os guatós –, assim também ele próprio terá de desaparecer de cena, uma vez desmanchada a amizade que durante decênios consecutivos o ligara ao cavaleiro.

Ainda em meados do século passado, às vésperas da Guerra do Paraguai, viam-se pelas praias de Assunção algumas choupanas imundas, cobertas de couro e habitadas por uma população miserável, que vivia de fornecer pescado, lenha, remos de canoa e esteiras de palha aos moradores da cidade. O produto de seu trabalho gastava-o quase toda essa gente em embriagar-se.[35] Assim, foi definhando, até desaparecer, tudo quanto restava de um povo outrora temido, e que constituíra, talvez, o mais sério embaraço à expansão luso-brasileira nos sertões ocidentais.

Quem hoje procure conhecer alguma coisa acerca dos paiaguás, de seu modo de viver, de seus costumes, de seus ritos e crenças, de seu idioma nacional, terá de contentar-se com as vagas notícias que deles nos deixaram os cronistas antigos. Nenhum homem de ciência chegou a coligir dados seguros, que permitam esclarecer as conexões possíveis entre esse e outros grupos indígenas de nosso continente. Martius, que ainda os pôde alcançar com vida, chega a dizer que nunca existiu, em realidade, um povo paiaguá, que esse nome era apenas designação comum dada a tribos de procedências distintas, e que procuravam, por todos os meios, estorvar a navegação do rio Paraguai e de seus afluentes.

É claro que tais explicações, nascidas de simples conjeturas, não contribuem muito para dissipar o mistério existente acerca de um povo que, durante meio século e mais, foi o grande flagelo dos navegantes das monções.

6
Comércio de Cuiabá*

·

142

MONÇÕES

·

A NAVEGAÇÃO FAZIA-SE, COMUMENTE, das oito horas da manhã às cinco da tarde, quando as canoas embicavam pelos barrancos e eram presas a troncos de árvores, com o auxílio de cordas ou cipós. Os densos nevoeiros, que se acumulam sobre os rios durante a tarde e pela manhã, às vezes até o meio-dia, impediam que se prolongasse o horário das viagens.

Antes do pôr-do-sol, costumavam os homens arranchar-se e cuidar da ceia, que constava principalmente de feijão com toucinho, o *panem nostrum quotidianum* dos navegantes, segundo expressão de um deles, além da indefectível farinha (de milho ou de mandioca), e algum pescado ou caça apanhados pelo caminho. Quando a bordo, e por não poderem acender fogo, os viajantes tinham de contentar-se, geralmente, com feijão frio, feito de véspera.

De qualquer modo, era este alimento tido em grande conta nas expedições, passando por extremamente substancial e

---

* Sérgio Buarque de Holanda também não reescreveu este capítulo, que trata do estabelecimento dos paulistas em Cuiabá. Contudo, o tema é semelhante ao do capítulo "Do peão ao tropeiro", de *Caminhos e fronteiras*. Em *O Extremo Oeste*, o assunto também aparece (cf. *Capítulos de expansão paulista*, pp. 142-52).

saudável. "Vi [...] por experiencia propria" – diz Lacerda e Almeida – "que o melhor guizado do mundo, e o mais innocente é o feijão com toucinho pouco cozido."[1]

Um dos motivos para tal preferência vinha, sem dúvida, da grande abundância de feijão nos povoados, durante as ocasiões em que costumavam sair as frotas destinadas ao Cuiabá e a Mato Grosso. Quer estas partissem entre junho e agosto, quando era menor o risco das febres, quer em abril ou maio, o "verdadeiro tempo de semelhantes viagens", conforme se lê em testemunho da época,[2] o fato é que sempre acompanhavam de perto os meses da principal colheita que, em São Paulo, se faz de abril a junho. Levando produto recém-colhido, teriam os expedicionários mais garantida a conservação pelo tempo que durasse a jornada, na pior hipótese até Camapoã, onde era possível renovar-se o abastecimento das canoas.

Aliás, seu preço módico, seu acondicionamento fácil, sua relativa durabilidade e resistência às pragas (o gorgulho só principia a aparecer pelo ano de 1825) contribuíam, sem dúvida, para fazer do feijão um gênero excepcionalmente valioso nessas expedições. E não haverá, talvez, exagero em supor-se que à modalidade tradicional da gente de São Paulo se relaciona, em parte, o papel singularmente importante que ele veio a ter em sua dieta alimentar. Depoimentos de fim do século XVIII e começo do seguinte mostram, com efeito, que mesmo nos meios urbanos já eram os paulistas extremamente gulosos de feijão com toucinho, então considerado seu prato caracteristicamente regional. Narra-se de d. Pedro I, como exemplo de sua fácil acomodação aos costumes provinciais, que durante uma visita a São Paulo chegou a comer à moda da terra, em jantar público, o manjar local dos paulistas, que consistia em virado de feijão preparado com toucinho e farinha.[3]

A bordo das canoas, se o papel do feijão correspondia em tudo ao das favas e lentilhas que usavam os navegantes em alto-mar, a farinha tinha, em muitos pontos, papel semelhante ao que desempenhara o famoso biscoito das galeras nas antigas viagens ultramarinas. Farinha de milho principalmente, se é verdade que a mandioca só começa a ser cultivada, em escala apreciável, no planalto, em fins do século XVIII e que o produto conduzido a bordo, durante o mesmo século, provinha sobretudo dos distritos de Itu e Araritaguaba, onde sempre foram numerosas as roças de milho.

Sabe-se, efetivamente, que até 1782, pelo menos, a farinha de guerra ou mandioca, consumida por dois regimentos estacionados na cidade de São Paulo, ia de beira-mar,[4] por ser escassa a produção de serra acima. E não deixa de ser significativo que, mesmo mais tarde, quando principiam a surgir, em documentos sobre as monções, referências expressas à farinha de mandioca, seu consumo durante a navegação dos rios fosse muito reduzido. Assim, por exemplo, na expedição de Cândido Xavier, que saiu de São Paulo em 1800, se iam desse produto apenas seis alqueires, iam 174 de farinha de milho.[5] Esta servia geralmente para acompanhar o feijão nas refeições principais e também – desfeita em água, às vezes com um pouco de rapadura – para formar a jacuba, beberagem indispensável nas jornadas fluviais e que os mareantes ingeriam em grandes quantidades logo ao amanhecer.

Martius e outros viajantes de princípio do século passado puderam notar a preferência decidida que davam os paulistas à farinha de milho, considerada mais nutritiva do que a de mandioca, embora de mais difícil digestão. O mesmo ocorria entre os habitantes de toda uma extensa região brasileira, que vai do centro de Minas Gerais até o norte do Rio Grande do Sul, abrangendo partes de Goiás e Mato Grosso.[6] Região, toda ela, desbravada e, em larga escala, povoada por gente de São Paulo.

É fácil perceber que mesmo essa primazia da farinha de milho, comparada à de mandioca, ainda se relaciona, de certo modo, à mobilidade característica dos paulistas. Com efeito, a condução de ramas de mandioca, especialmente para plantio em longínquos arraiais sertanejos, deveria oferecer dificuldades insuperáveis aos primitivos bandeirantes. Além disso, uma vez efetuado o plantio, seria necessário aguardar pelo menos um ano, em regra muito mais, para se obterem colheitas realmente compensadoras. O milho, por outro lado, além de poder ser transportado em grãos a distâncias consideráveis, já produzia cinco ou seis meses depois de realizada a sementeira. Para reduzi-lo a farinha, era o bastante existir um "forno" de metal (espécie de tacho achatado) e uma peneira de malhas largas, a "sururuca",[7] além do monjolo, instrumento cuja construção e conservação é das mais simples e cujo funcionamento, havendo água corrente, tem a vantagem de poupar esforço e mão de obra.

A singular importância adquirida por esse instrumento em todas as regiões, inicialmente colonizadas por paulistas, reflete-se, aliás, na própria localização dos povoados, que se situam, muitas vezes, não nos lugares elevados, como na Europa e em outras partes do Brasil, mas de preferência no fundo dos vales. Tal circunstância, notada por vários viajantes, Saint-Hilaire e Burton entre outros, resulta principalmente da necessidade em que se achavam os fundadores de arraiais de dispor de água abundante para movimentar os seus monjolos.

Causa admiração, à primeira vista, o fato de o arroz, gênero de alimentação que poderia ser transportado e conservado ainda mais facilmente do que o feijão ou a farinha, ter tido papel quase nulo nas navegações fluviais. Não se pode sustentar que fosse de todo desconhecido seu uso nas monções, pois já em 1735 eram remetidas de Porto Feliz para Cuiabá "tres cargas de Arros cubertas de encerado", segundo consta de documento existente no Arquivo Público do Estado de São Paulo.[8] O certo, porém, é que nas navegações posteriores à data citada as referências feitas a esse produto, entre os mantimentos conduzidos a bordo das canoas, são extremamente raras, quase se pode dizer que excepcionais.

Na já mencionada expedição do tenente-coronel Cândido

Xavier de Almeida e Souza, que, destinando-se expressamente à inspeção das fronteiras, ia por isso mesmo bem provida de víveres, seguiram, ao lado de 81 alqueires de feijão, apenas três de arroz limpo. Na de Sá e Faria ao Iguatemi, em 1784, foram oito alqueires de arroz para duzentos de feijão e outro tanto de farinha.[9]

A que atribuir tão extraordinária desproporção? O motivo estaria, aparentemente, no fato de o arroz ter sido artigo de consumo restrito na capitania de São Paulo até o século XIX.[10] Sua limitada importância comercial seria obstáculo sério à produção em larga escala, suficiente para abastecer as grandes expedições fluviais.

Não que fosse inexistente ali a lavoura do arroz. Ela existiu, sem dúvida, e, pelo menos nas terras da marinha, desde o início da colonização. Sabe-se que na cidade de São Paulo, em 1730, achava-se esse produto sujeito a almotaçaria:[11] prova de que era vendido e consumido. Também se sabe que poucos decênios mais tarde cresciam no planalto, "por toda parte", as suas plantas, com "muita facilidade e abundância":[12] prova de que já tinha galgado a serra.

O que ainda por longo tempo faltou, e isso com toda segurança, foram máquinas de descascar e limpar mais aperfeiçoadas do que o simples pilão de mão ou o monjolo, que dão produto escasso, imperfeito e de pouco valor. "Se aqui houvesse Engenhos de arros como ha no Rio de Janeiro [...]" – diz um documento do ano de 1767 – "seria mais fácil haver aqui carga..."[13] O resultado é que a colheita, nos sítios da roça, serviria, na melhor hipótese, para o consumo caseiro e certamente em diminuta escala.

Produto indispensável nas monções, e cuja conservação exigiu sempre cuidados, foi o toucinho. Chegava geralmente à última hora, nas vésperas da saída das canoas, e por vezes ia diretamente para bordo, sem entrar no armazém de víveres, que, nessas ocasiões, ficava abarrotado, a ponto de se tomarem frequentemente casas particulares para depósito de mercadorias. Até que se fixasse, em definitivo, a data de partida das monções, era de toda conveniência que permanecesse nos sítios dos fornecedores, secando ao fumeiro.

Ao contrário do feijão e da farinha de milho, o toucinho não figurava ordinariamente entre os gêneros de grande produção local na zona de Araritaguaba e Itu. A princípio ia sobretudo dos distritos de Atibaia e Jaguari (Bragança), que desde cedo se especializaram na criação de suínos, e também de Sorocaba; mais tarde, já em começo do século passado, da Franca,* que por volta de 1820 era dos maiores produtores da capitania.[14]

Enquanto a generalidade dos artigos de alimentação costumava ir em longos sacos cilíndricos, feitos quase sempre de aniagem, e medindo apenas 35 centímetros de diâmetro, aproximadamente, por um metro, metro e meio, ou mais, de comprido, o toucinho, depois de enxuto, curado e salgado, era colocado em fortes jacás, com capacidade para três ou quatro arrobas. Constituía esse o meio adequado de guardá-lo, por ser gênero que, para não se estragar, exige constante ventilação. O mesmo sal que servia para conservá-lo bastava para temperar o feijão durante as viagens, de modo que não se fazia preciso recorrer aos caixões e bruacas onde aquele produto era remetido para o Cuiabá.

Nas expedições mais aparatosas não deixavam de ir também, para consumo dos viajantes, alguns capados e galinhas; estas destinadas, em geral, aos que adoecessem a bordo. Excepcionalmente, e à falta do charque – artigo que só começa a surgir, e em pequena quantidade, nos primeiros anos do século XIX –, levavam-se algumas arrobas de carne de vaca salpresa. De ordinário, porém, eram dispensados esses luxos e

---

* Esta edição decidiu manter a designação antiga para a atual cidade de Franca, no interior do estado de São Paulo, conhecida, no passado, como "a Franca" e assim referida por Sérgio Buarque de Holanda, o que revela mais uma vez seu gosto arcaizante. (N. E.)

com uma ração de 115 gramas de toucinho por dia, nove litros de farinha por dez dias e 4,5 de feijão por outros tantos,[15] podiam contentar-se tanto mareantes como passageiros.

O modo de acondicionar esses gêneros era determinado, em grande parte, pelo sistema de arrumação a bordo, com as mercadorias destinadas ao Cuiabá ou a Mato Grosso. Antes de saírem as frotas, fazia-se a conta do número de cargas que podia levar cada canoa. O que excedesse do total calculado para a frota ficava depositado nos armazéns de Araritaguaba, a fim de ir pelo caminho terrestre ou, se possível, na monção do ano seguinte.

A "carga" de comerciante, unidade geralmente utilizada para tais cálculos, compreendia tudo quanto não excedesse de três ou quatro arrobas de peso e de três e meio a quatro palmos de comprido. Aquilo que ultrapassasse essas medidas, considerava-se como constituindo outra carga. As peças e carretas de artilharia, por exemplo, eram pesadas e a soma em arrobas dividida por quatro: o cociente representava o número de cargas. Cinquenta caixões de espingardas significavam cem cargas, porque cada caixão mede, de comprimento, mais de quatro palmos.[16]

Nas viagens de regresso a São Paulo, por virem as canoas menos carregadas, tornavam-se desnecessárias tamanhas precauções, ditadas, em geral, pela economia de espaço a bordo. Sabe-se, com efeito, que os únicos artigos exportados das terras mato-grossenses, durante toda a era das monções, foram o ouro e os diamantes. Ainda em 1828, o sargento-mor engenheiro Luiz d'Alincourt podia queixar-se da pouca indústria dos moradores da vasta província central, causa de não haver ali nenhum "comércio de permutação", pois, além do produto das suas minas, limitavam-se eles a exportar alguns poucos rolos de pano de algodão, e isso para o Pará.

Os comerciantes que enviavam ou levavam por conta própria sua mercadoria, de São Paulo, do Rio de Janeiro, da Bahia, só queriam saber de apurar a maior quantidade possível de ouro, e com isso se empobrecia cada vez mais a província. "Ouro que a terra se cansa de dar" – exclamava D'Alincourt –, "ouro que está custando atualmente 2400 reis cada oitava, que antes regulava a 1200 reis..."[17] Aqueles que forneciam dinheiro a risco para as transações podiam cobrar preços avultadíssimos, embora sujeitando-se a nada receber, no caso de se perderem fortuitamente as mercadorias negociadas. De Luiz Antônio de Souza, o brigadeiro, que foi, em princípio do século passado, o homem mais opulento de São Paulo, consta que fez fortuna negociando para Mato Grosso.[18]

Nem todos chegam a alcançar semelhantes benefícios. O arbítrio e prepotência dos governos, as leis fiscais opressivas, a vida econômica embrionária em muitos dos seus aspectos, não são os únicos embaraços que, no Brasil colonial, se opõem ao tráfico regular e metódico. Costumes e preconceitos de uma população ainda mal afeita a considerar o comércio como atividade respeitável constituem uma barreira, por vezes intransponível, à expansão dessa atividade. Em São Paulo e ainda mais em um sertão como o de Cuiabá e Mato Grosso, vivem os auditórios cheios de demandas sobre infindáveis ajustes de contas. Todos vendem a crédito e quem não fia não vende. Aqueles que podem pagar pagam por si e pelos outros, de modo que o arbítrio se faz lei e nenhuma justiça prevalece contra ludíbrios e abusos.

O resultado é que os gêneros mais necessários atingem preços exorbitantes. Em fins do século XVIII, um alqueire de sal, que no Rio de Janeiro custa 2$200, chega a Mato Grosso por 30$940. E houve ocasião em que um prato de sal era vendido a seis oitavas de ouro.[19]

Quase todos fazem suas compras para pagar com ouro, que ainda se há de extrair. E como o ouro não vem, correm os juros e todos vivem com suas fazendas empenhadas. "Por um escravo que compram", nota alguém, "dois não chegam para pagar, ou porque sucede não tirar ouro, ou porque doentes, e fugidos, privão-se os senhores d'utilizar-se de seus serviços, carregando com o empenho até a sepultura."[20]

O principal estorvo que experimenta o comércio vem, aliás, da própria circulação do ouro em pó. Além dos prejuízos que ela forçosamente acarreta, pois é impossível que, em transações sucessivas, não se separem e percam partículas consideráveis do metal, inúmeras são as fraudes a que dá lugar o sistema. Assim é que, em alguns casos, se falsificam os pesos, em outros, as balanças, em outros finalmente, o próprio ouro, que quase nunca vem limpo às mãos do traficante, mas em geral de mistura com esmeril, areia amarela, limalha de latão e terra.

Com tudo isso, os mais habilidosos ainda conseguem vencer e acumular cabedais. Destes, sobretudo a partir de meados do século XVIII, quando já está mais regularizado o tráfego fluvial, alguns são recém-vindos da metrópole e trazem hábitos de previdência, parcimônia e cálculo ainda mal aclimados naquele sertão remoto. Efetivamente não são numerosos, entre essa gente, os apelidos de família tradicionais em São Paulo. É, em tudo, uma raça nova, portadora de novos ideais, novas tradições, nova mentalidade – mentalidade de retalhistas, não de aventureiros ou conquistadores.

O fato é que as monções de povoado já não pertencem à história das bandeiras. Sem renunciar à existência móvel do bandeirante, os que participam do comércio de Cuiabá e Mato Grosso têm ambições mais disciplinadas. Um ritmo que já não é o da simples energia individual livre de expandir-se regula toda sua atividade. A própria vida há de sujeitar-se neles a limites novos, a novas opressões. Aos freios divinos e naturais, os únicos, em realidade, que compreendiam muitos dos sertanistas de outrora, acrescentaram-se, cada vez mais poderosas, as tiranias legais e jurídicas, as normas de vida social e política, as imposições frequentemente caprichosas dos governantes. Apenas sua coragem tranquila e sua aparente indiferença às ameaças, aos perigos e, muitas vezes, às maiores catástrofes, indicam que não existe uma separação muito nítida entre o ânimo que gerou o movimento das bandeiras e o que inspira as navegações do Cuiabá no decurso do século XVIII. Os depoimentos da época são, em geral, poucos e pouco interessantes para quem se preocupe em elucidar, nas monções, mais do que seus aspectos puramente práticos, materiais. Algumas vezes, porém, entre curiosas informações a respeito da rota ordinariamente seguida, das dimensões e capacidade normal dos barcos, da carga transportada ou dos perigos numerosos que costumam ameaçar o navegante – perigos de frechas, de feras, de febres –, surge casualmente uma nota de maior interesse humano. Em pormenorizada memória, destinada a transmitir notícias úteis acerca das viagens, com dados precisos sobre os rios percorridos, as roças dos lavradores que assistem no caminho e o tempo gasto na jornada, depara-se este final desconcertante, onde o autor, sem abandonar por um momento sequer o tom de frio relatório que imprime a todo o texto, trata de registrar sua própria experiência:

> Eu saí de Sorocaba com quatorze negros e três canoas minhas, perdi duas no caminho e cheguei com uma e com setecentas oitavas de empréstimo e gastos de mantimento que comprei pelo caminho: dos negros vendi seis meus, que tinha comprado fiado em Sorocaba, quatro de uns oito que tinha dado meu tio, e todos dez para pagamento das dívidas. Dos mais que me ficaram, morreram três, e só me ficou um único e o mesmo sucedeu a todos os que foram ao Cuiabá. Em fim, de vinte e três canoas que saímos de Sorocaba, chegamos só quatorze ao Cuiabá; as nove perderam-se e o mesmo sucedeu às mais tropas e sucede cada ano nesta viagem.[21]

Isso foi escrito em 1727, quando estavam apenas em seu início as navegações para Cuiabá. Com o correr do tempo não melhorou apreciavelmente a segurança dessas navegações. A crônica do comércio fluvial entre São Paulo e o coração do continente é, em grande parte, uma crônica de desastres e naufrágios. Aos poucos, as canoas paulistas começam a perder o antigo monopólio desse comércio. O desenvolvimento das comunicações fluviais com o Pará, através do Madeira e do Tapajós, e a estrada terrestre que passa por Goiás, prolongando o velho caminho do Anhanguera, são uma primeira ameaça a essa rota sempre cheia de riscos.

A existência da estrada terrestre ainda poderia reavivar, entre paulistas, a lembrança de sua antiga vocação de trilhadores insignes. Na realidade, porém, enquanto perdurarem as grandes monções, ela nunca poderá ser muito mais do que um complemento do comércio fluvial. O transporte de mercadorias por animais de carga, através de um caminho dilatado e difícil, não supre eficazmente o recurso às canoas. Estas podem levar, em média, cada uma, o que levam quarenta ou cinquenta bestas de carga. E carregam, além disso, mercadorias volumosas – peças de artilharia, por exemplo, que dificilmente seriam conduzidas pela via terrestre.

Por outro lado, o preço de uma canoa bordada, encumieirada e posta no rio, nunca chega a superar o de três ou quatro animais arreados. É claro, pois, que o transporte por terra seria demasiado oneroso, se muitos dos que utilizam não vendessem em Cuiabá os próprios animais de carga, com o que alcançam extraordinários proveitos. A condução de mercadorias por esse caminho vem a ser, assim, uma atividade simplesmente suplementar do negócio dos cavalares e muares. Assim consegue manter-se e, por longo tempo, sobreviver ao comércio fluvial. O ouro, que os navegantes iam buscar nos sertões cuiabanos e mato-grossenses, tinha sido apenas aparente e de superfície: alguém afirmou que podia ser extraído da terra como a nata se extrai do leite. Passados os tempos iniciais de uma exploração perdulária, as lavras se iam tornando pouco rendosas e já não compensavam sacrifícios nem heroísmos.

ANEXOS

Anexo A

•

Gregorio delaPenha Escrivam da Camr.ª tabaliam Publico dojudicial enotas nesta Villa de Nossa SenhoradaPonte de Sorocaba ESeutermo etc. Certifico Serverdade Emcomo Sepublicou um Bando do excell.ᵐᵒ S.ᵒʳ G.ᵒʳ E Cap.ᵐ General Rodrigo Cesarde Menezes, pellas Ruas publicas destavilla sobre as pessoas q forem p.ª as minas doCuyauã não pasem daparagem chamada Camapoá Cabeseras do Rio pardo athé não chegarem as ditas partes o Cap.ᵐ Mor Fernando Dias Falcam, e othenenteCoronel joam Antunes Masiel de q.ᵐ seguiram asordens, quelhederam, edecomo foi publicado odito Bando pelas Ruas publicas, Logo foi Registado odito Bando por mim Escrivam da Camara Gregorio delaPenha, nos L.ᵒˢ daCamr.ª destavilla af. 88, efixado nos Lugares Publicos Costumados dondesecostuma fixar, os Bandos E....., Eporverdade pasei apresentesertidam Escripta Easignada por mim, Em os dois dias domez dejulho demil Esetesentos Evinte Equatro Annos

Gregorio delaPenha

(Ms. do Arquivo Público do Estado de São Paulo. Maço 8; Pasta 1; n. 9.)

Anexo B

·

Exmo S.^r

Recebi pelo cabo de esquadra Ignacio Franco 3 cargas de Arroz cubertos deencirado eHum Saco decartas queHua eoutra cousa emtreguey ao Cap.^{am} Franc.^o Lopes de Araujo p.^a olevar aaquellas que facilitarem, e abreviarem a viagem de na dequepaSou dois Recibos. HumRemetto pello d.^a cabo de esquadra p.^a oentregar aondetoca outro fica emmeo poder.

Emtudo omais fico prompto p.^a todas asocasioens q. vex.^a for servido mandarme.

A fidagua peSoa de vex.^a g.^{de} DE m. an.^s

Araritaguava 5 dez.^{bro} de 1735.

Exmo Conde de Sarzedas G.^{or} eCap.^m Gen^{al}

O mais Humilde Servidor devex.^a

João de Mello do Rego

(Ms. do Arquivo Público do Estado de São Paulo. Maço 8; Pasta 1; n. 25.)

Anexo C

.

Officio nº 17, dirigido ao Conde de Linhares, por João Carlos Augusto D'Oeynhausen, relativamente aos meios de communicação da capitania do Mato Grosso com as outras por via Fluvial (1811).

Illmº e Exmº Senr. Tendo eu respondido exactamente a todos os Officios de V. Exc.ª, e com a mesma exactidão cumprido quanto por elles V. Exc.ª me tem ordenado; há comtudo dois artigos, sobre os quaes, as circunstancias não tem pirmittido, que eu dê conta a V. Excª do rezultado das minhas deligencias, para os conseguir, e para cumprir as ordens, que arespeito deles recebi.

O primeiro he a extracção da quina. O segundo, a abertura de caminhos, que facilitem a communicação desta Capitania, com qualquer das outras, pela navegação dos rios, que a retalhão, e que promettem essa facilidade. Eu disse a V. Excª, que huma das circunstancias, que me chamavão ao Cuyabá, era dar as providencias necessarias para animar, e pôr em voga a extracção, e remessa da quina tão recommendada por V. Excª. Porem nisso, como em muitas outras couzas, tive de ver frustrados os meus projectos, porque o P.⁰ José Manoel de Sequeira,[1] o unico sobre quem eu me podia fiar, para o exame, e escolha deste genero, cahindo gravem.ᵗᵉ doente, desde que se recolheu dessa Corte, cahio em hum estado de demencia, de rezultado dessa molestia, que ao principio parecia momentanea, e se esperava que milhorasse, porem agora está confirmada de tal sorte, que he hum homem improprio para resto da sua vida, para occupação sérias. Vejo-me portanto na impossibilidade de tractar de tal negocio porque não tendo pessoa habil, a quem dê a commissão, que eu pertendia dar a este Padre, eu faria hum mal, em vez de hum bem, se fosse às cegas despojar os mattos desta precioza casca, e acabaria a sua má escolha de a desacreditar como o fizerão aquelles, que já em outro tempo, occultam.ᵗᵉ e portanto sem a approvação do dito Padre p.ᵃ essa Corte transportarão grandes porçoens dessa casca. Enquanto a recommendada abertura de communicação com as outras Capitanias por meio dos rios, objecto essencialissimo, e na verdade muito util, não tenho podido athe agora cuidar nesse artigo, porque he notorio a V. Exc.ᵃ, que desde que Govêrno esta Capitania, ainda não tive um instante de perfeito soccego; e o cuidado na segurança e as providencias para a deffeza da fronteira, tem absorvido todo o tempo, e todos os meios, de que eu careceria para me applicar a negocios de outra natureza, ainda que tão importantes como este. Agora porem que as couzas parecem tomar huma milhor face, por se ter operado hua feliz crize, e que me devora a ambição de ser util a esta Capitania e ao Real Serviço, tenho voltado para este lado as minhas vistas. Pelo Officio de 27 de maio de 1809 houve. V. Exc.ᵃ por bem recommendar-me o restabelecimento da navegação do Madeira, e por consequencia a communicação commercial do districto de Villa Bella, com o Pará, e que enquanto ao do Cuyabá, eu procurasse abrir de novo a sua communicação com a mesma Cidade do Pará, pelo Arinos, Tapajós e Amazonas. A primeira está no m.ᵐᵒ pé em que sempre esteve, e athe no meu tempo tem descido de Villa Bella ao

Pará hum maior numero d'expedições, e actualm.^{te} se esperão algumas destas, e estão outras a partir. He certo porem, que a decadencia d'aquella parte da Capitania, e as novas circunstancias, que fazem mais escaço e precario o commercio do Pará, enquanto tem dado huma maior extenção aos dos pôrtos do Sul, faz tambem, que os negociantes procurem este ultimo com preferencia, e mais gosto. Enquanto a communicação do Cuyabá por V. Exc.ª recommendada, com o Pará pelos rios Arinos, Tapajós e Amazonas devo dizer a V. Exc.ª que ella ja foi tentada, e athe principiada no tempo do meu antecessor, porem, querendo eu logo que cheguei faze-la seguir, achei tal repugnancia nos que para isso convidei, que por isso, e pelas razões, que me desviavão de tais especulações, dei de mão a este negocio, rezervando-o para outra occazião. Vou apontar agora a V. Exc.ª as razões a que attribuo a pouca aceitação, que teve nesta Capitania essa navegação, e aquellas, que me fazem olhar com preferencia para outra, que considerada commercial, ou, militarmente, he mais proveitoza a esta Capitania. A navegação do Arinos não se achou impracticavel, porem muito custoza: não são muitas as cachoeiras, porem são grandes as que há, e a conducta teve a soffrer hum continuo sobresalto pela multidão de índios, que encontrou: porem o que mais desacreditou esta navegação, foi que o Official inferior mandado a esta deligencia, dando della as peiores informações no Pará, pareceo confirmalas, pelo regresso, que fez pelo Madeira, voltando por aquelle rio para Mato Grosso. Tais principios não eram de feliz agoiro para esta empreza e com effeito succedeo o que devia succeder, porque morreram todos os projectos de tirar pertido desta navegação, que se abandonou quaze ao m.^{mo} tempo que se emprehendeo. Fossem quaes fossem os projectos, e intenções do meu antecessor, parece, que as razões que então subsistião, e que ainda hoje subsistem mais fortemente, para que aquella navegação não tentasse os negociantes, para que ella era aberta, são algumas das seguintes. No Cuyabá havendo uma quantidade de negociantes, não há entre elles algum tão rico, que possa á sua escolha, dirigir o seu commercio, para onde lhe parecer, sem que huma nova direcção cauze empate nos pagam.^{tos} dos seus credores, e os mais accreditados são aquelles, que pagando exactamente aos que nessa Corte lhes adiantão fazendas, podem com hum sem.^e favor continuar o seu giro. Isto basta para fazer conhecer a V. Exc^a que entre taes negociantes, poucos, ou, nenhuns podem haver, que de bom grado, e com amor dos seus interesses, e credito, queiram abraçar huma tal empreza, abrindo commercio com huma praça em que os generos de primeira necessidade nestas Minas são mais caros, e onde pelas primeiras vezes precizão pela falta de correspondencias entabladas, comprar as suas carregações á vista, faltando assim aos pagamentos porque instão os seus credores dessa Corte, e da Capitania de São Paulo. Esta he a primeira difficuldade. A segunda seja a falta de remeiros, que as ultimas expedições de Mato Grosso tem encontrado, para o seu regresso, porque a Fazenda Real depois que cessarão as remessas de sal, e outros generos, que por aquella Capitania se mandavão, não pode mais sem grande gravame mandar o grande numero de pedestres que mandava nas conductas, que iam aconduzir esses generos. Estas difficuldades deverão ser attendiveis em todos os tempos, mas desde que S.A.R. transferio a sua Corte para o Rio de Janeiro, o commercio dos portos do Sul deve ter crescido tanto, quanto deve ter decahido o do Pará; logo parece que athe o interesse, essa alma do commercio, chama os negociantes desta Capitania mais depressa a estes do que áquelle porto. He precizo que eu prove tambem que uma communicação breve, facil e segura com a Capitania de São Paulo he militarmente mais interessante para esta Capitania, do que com a do Pará. Na prezença de V. Exc^a estão, e por V. Exc^a haverão sido aprezentados a S.A.R., os Officios do Governador do Pará, em que elle dá as solidas razões, por que elle se vê impossibilitado de me fornecer soccorros; as razões, que elle dá são incontestaveis, e S.A.R. as julgou tão valiozas, que houve por bem annuir a m.ª proposta de remetter por São Paulo (como fes) os generos, que eu pedi. Logo aquella communicação não tinha alguma vantagem militar, e aquellas que facilitarem, e abreviarem a viagem de São Paulo, terão as de que pode carecer esta Capitania. Reconheço que estas vantagens devem ser reciprocas, mas, tambem sei que esta he bastantemente importante, para que ainda mesmo, que ella não possa concorrer para a prosperidade das outras, ellas pela sua commum segurança, e utilidade não devem exigir della o que ella não pode fazer, e lhe não devem por isso negar os auxilios de que carece. A experiencia de quatro annos, e os embaraços em que nelles me tenho visto, me tem demonstrado esta verdade com a ultima evidencia. A consequencia detaes premissas, he que o mais conveniente para esta Capitania, commercial, ou militarmente, he abreviar, efacilitar quanto poder ser a communicação com a Capitania de São Paulo, dando-lhe huma direcção que salve a navegação dos trabalhozos e perigozos rios Pardo, e Cochim. O primeiro, que pela sua grande correnteza se desce com summa velocidade, he custozissimo de subir, e está a descida para a subida, na razão de 1 para 7 ou 8. O segundo he de tal modo coberto de cachoeiras perigozas e proximas humas as outras, que he o cabo tormentozo desta navegação. A nova direcção que se pertende dar a essa navegação, alem de a dever fazer mais curta, salva hum, e outro rio, assim como salva o Varador de Camapuã, que ella deixa ao sul. O mappa desta Capitania, que tenho a honra de remetter a V. Exc.ª mostrará a V. Exc.ª as vantagens deste plano. Tenho pois projectado emprehender a exploração, e abertura deste novo caminho, com tanta mais satisfação, que o posso fazer sem a menor despeza da Fazenda Real, valendo-me das munições, e ferramentas, que se tinhão empregado na malograda expedição que mandei ao Sertão, e que se recolheo sem fructo algum, tendo perdido oito homens, que morreram de sezões. Estas ferramentas, e muniçoens forão compradas com o ouro, que produzio uma finta voluntaria dos moradores deste destricto, e como deste ainda resta alguma porção, não prevejo necessidade de fazer algumas novas despezas. A expedição, que mando a esta util empreza deve sahir d'aqui nos principios de Julho. Descendo o rio Cuyabá deve entrar pelo rio de S.^{m} Lourenço, esobindo por este, entrar na sua margem esquerda, no rio Pequira, subir athe ás suas cabeceiras, e procurar o milhor varador, e a mais curta passagem deste ultimo rio para o Sucuriú. Descendo este, irá ter ao Paraná. D'ahi á foz do Tieté, a distancia he tão pequena, que em chegando a expedição, a desembocar no Paraná, estarão vencidas todas as difficuldades. Todas as informações que tenho tomado, e em que tenho calcado este plano, concorrem para me fazer suppor esta empréza muito facil e quando se encontrem difficuldades ellas serão certamente pagas com a maior uzura pelos grandes interesses, que hão de rezultar para o commercio, e felicidade dos povos desta Capitania, onde os generos da primeira necessidade são de huma carestia enorme; mas a sua custoza, e arriscada condução he a verdadeira cauza a que se deve attribuir este alto preço. Pelo Official, que hei de encarregar desta deligencia, saberá V. Exc.ª do seu rezultado, á vista do qual ordenará V. Excª. o que mais acertado lhe parecer. Deos Guarde a V. Excª. muitos annos. Cuyabá 30 de maio de 1811. Ill.mo Exc.mo Senr. Conde de Linhares. –

João Carlos Augusto D'Oeynhausen.

(Ms. do Arquivo da Diretoria de Engenharia do Ministério da Guerra.)

Anexo D

•

Memoria Q' J.^{e} M.^{el} de Seqr^a Presb^o secular professor real da filosofia Rac.^{al} e moral da V^a do Cuyabá Academico da R. Academia das Sciencias de Lx.^{a} enviou a M.^{ma} Academia sobre a decadencia atual das tres Cap.^{nias} de Minnas e os meios d'a reparar; no anno de (1802).

Sendo as Cap.^{nias} de Minnas do Brasil o pr.^{al} nervo do Comercio das Cap.^{nias} de beira-mar, e ainda m.^{mo} um dos fulcros do Est.^{do} pelo precioso e primar^o metal, q' se extrahe das entranhas da terra; são contudo estas Cap.^{nias} centraes mais infelices q' as outras. As Cap.^{nias} de beira-mar com as suas importaçõens e exportaçõens florecem; e as de Minnas, q' so exportão o ouro, se vem hoje em dia em grand.^{ma} decadencia, por q' este tirado huma vez, e removido p.^{a} beira-mar, nada fica senão alguns escr.^{os} e faz.^{das} ^{q}ue nellas se consomem. E q.^{m} não ve q' d'onde se tira, e se não poem necessariam.^{te} ha de faltar?* Esta pois he a pr.^{al} cauza da decad^a das Minnas, e da

---

* Quidquid dicent A A eu estou q' o ouro actualm.^{e} não iria, porq' alias ter-se-hia encontr.^{do} alg.^{ma} materia informe ou ao menos alg.^{ma} de que se confiasse ser aprimitiva do ouro; o q' ate o prez.^{e} não tem acontecido.

penuria em q' vivem os seus habitantes. O comerciante, q' huma vez perde nas suas mercadorias, fica-lhe esp.ça de ganhar em outra carreg.am o lavrador cujo fructo deu em baixeza, guarda e conserva os viveres até q' tenhão melhor preço: o fazendrº de gado, ainda q' por annos não alcanse melhor preço dos bois e da carne, contudo consola-se em concirvar a sua casa farta; porem o misero minrº posto em hum exercº q' já mais tem principio algum certo, e em procura do que não perdeu, he o homem das esper.ças ou o prodigo do seu e do alheo, e q' se não acha q' espera, perde-se a si, perde ao lavrador, perde ao comerciante, e com este receio ha mui pouco minr.os* E esta he a seg.da cauza da decad.ª das Minnas. A Cap.nia de Minnas geraes tem dado alg.mas provid.as mandando carregações de queijos, toucinhos, carnes salg.das de porco, e tabaco em rolo pª o Rio de Janrº. Porem q' comercio pode este ser q' equipare a grand.ma despesa de ferro, asso e escr.os q' se precisão pª as Minnas? A Cap.nia dos Guaiazes m.to pouco exporta em eff.tos d'assucares, e toucinhos pª a Cap.nia do Pará, e a Cap.nia de Matogrosso, q' he menor das duas, nada exporta, sendo a proporção, a mais abundante de todas. Disse mais abund.e por conter mais oiro em si e o seu terreno por participar de estações regulares, espontaneamente produz m.to milho, m.to feijão, arroz, assucar e m.to gado.** Os rios são abundant.mos de peixe,*** e contudo he pobr.ma a Cap.nia p.r falta d'industria pª

---

* Este tr.º minr.º significa S.r de escr.os no exerc.º de minerar, e não no sent.º de cabouqueiro.

** Não he rarid.e produzir o milho na Cap.nia de Mato Grosso 100, 150, e 200 alqr.es. O algodão he tanto q' ainda lavrador algum colheu ou pode colher q.to se lhe oferece a vista. As cannas d'assucar amadurecem em 6 mezes, q.do a beira-mar precisão de anos, da m.ma sorte a mandioca q' em 6 mezes estão as suas raizes promptas. A prod.am do gado he prodigiosa, de sorte q' nem os m.mos criadores sabem jamais o nº do q' possuhem.

*** He indizivel a quant.e de peixe q' no mez de Maio sobe em todos os annos o rio Cuyabá e nelle permanece até o mez de Dez.º de sorte q' os moradores da beira do rio 30 leguas rio acima e 10 rio abx.º so se sustentão de peixe, apezar de tantos animais destruidores q' o perseguem.

miner.^am e industria p^a o Comercio, e industria p^a facilitar a lavoura.

Tem havido gr.^e descuido em todo o gen^o de fabricas no Brasil em fazerem cazar os escr.^os afim d'os ter com algum trabalho e nenhum custo, pois os q' vem d'Africa, alem de serem buçaes e serem precisos annos p^a nos entenderem e serem enten.^os, são de alt.^mo custo em beira-mar, razão porque os comerciantes introduzem poucos, e faltando braços he claro, q' não pode o minr^o emprehender grosso serv^o d'onde espere grosso cabedal: e os escr.^os crioulos tem a vantagem de perceberem melhor o q' se pertende, e q.^do não são creados a redea solta se adjectivão melhor ao serv^o e são menos sub-jeitos a deserção e fuga do q' os pretos Africanos. E aqui vemos q' a 3ª cauza da decad^a das Minnas he a falta do escr.^os. Para reparar, pois esta vizível decad^a* não descubro senão 3 meios: o 1° invenção de novas Minnas:** 2° a extração de ouro pr. industria q' facilite o trab^o e poupe o tempo, de q' se segue extrahir-se o m.^mo ouro com menos tempo, e p^a isso com m.^ta conta: 3° introdução de dinheir^o moeda e provincial. Parecerei prolixo, porem matr^a de tanto peso se não pode e se não deve tratar superficialmente.

Estão as Minnas cansadas; os seus jornaes ja não cobrem as despezas do ferro, asso, alim.^to e vestuario dos escr.^os e porisso o minr^o ja desesperado se passa a lavrador ou creador de gado, ou erije hum engenho d'aguard.^es e assucares: p.^m

---

* As Minnas geraes davão de 5os a R.^l Faz.^da cem arrobas de ouro (1228 cruz.^dos) todos os annos, e sobejava-lhes ouro: hoje em dia me affirmão q' estes annuaes 5os apenas chegão a 40 arrobas, alias 491 cruz.^dos eis aqui manifesta a decad.^a actual das Minnas, q' sempre irá a mais se senão reparar.

** De algumas temos trad.^am de q' existem, porem a inercia e innação dos povos destas Cap.^nias não permitem indagação e menos exame de campanhas virgens, e assim ficarão sempre até q' haja q.^m fomente esta necessar.^a deligencia. Deste m.^mo Cuyabá eu formo o exemplo: q.^m sabe ou vio o vasto sertão q' medea entre os cam.^os de terra p.^a Goyaz e o de rio p.^a S. Paulo? q.^m jamais examinou a vasta extensão de terra q' medea entre os 2 gr.^es rios Arinos Araguaya. E mais q.^do se sabe q' nesses limites existem as gr.^es Minnas dos Martirios.

onde se poderá dispor, e qual o equivalente p.ª formar a troca, q' se chama compra e venda?* E porq' senão procura inventar novas Minnas? porq' senão examinam campanhas incultas, e ainda aquellas, em q' senão achão formação?** Eu ouço a resposta: porq' nesses exames se perde o tempo, se fazem despezas, e afinal quem geme he o curioso indagador, q' ninguem lhe agradece a delig.ª, e menos se doe da sua infelicid.ᵉ q.ᵈᵒ mal succedᵒ E porq' senão poderá fazer essa delig.ª do descobrimento do ouro a custa do publico, e não do particular? Não he verdade q' todos participão mais ou menos dos descobrim.ᵗᵒˢ? demos de caso q' senão acha ouro, não se descobrirão prata, cobre, estanho, chumbo, e ferro? Não se acharão diam.ᵗᵉˢ, rubizes, safiras, topazios, crisolytas, esmeraldas e outros m.ᵗᵒˢ mineraes q' assas podem servir p.ª uso de muitas fabricas e de famarcia? Podem dizer-me q' não ha q.ᵐ fomente este artigo tão import.ᵉ menos q.ᵐ conheça estes metais mineralisados. Ao q' eu torno q' a falta de um Messenas he o pr.ᵃˡ porq' havendo este, elle procurará e mandará naturalistas ou sug.ᵗᵒˢ habeis q' tenham alem do conhecim.ᵗᵒ da natureza, inclinação, e propenção aos descobrimentos e não aquelles, q' p.ª encobrir as suas ignorancias, se ocupão em escrever cousas bem inuteis, e talvez por informações. A prata, o estanho, e o cobre serão privativos das Minnas de Espanha, da Inglaterra e da Suecia? Tambem a quina Peruviana pareceu propria som.ᵉ de Loxa, Cuchabamba e Uayaquil no Perú, e contudo eu no anno de 1800 assas mostrei, q'

---

* Esta som.ᵉ he a razão porq' no cuyabá se vende a med.ᵃ alias cannada de aguard.ᵉ de canna a 12 vintens e o arratel de assucar a ... vintens.

** Formação chamão os minr.ᵒˢ do Brasil q.ᵈᵒ debaix.ᵒ da terra humosa se acha terra e pedra q' chamão burgalha, e mais abx.ᵒ outra mais serrada, q' algumas vezes já comtem ouro, e se chama desmonte; e mais abx.ᵒ argilla, saibro, e quartzo q' se chama cascalho; e he onde ordinariam.ᵉ se hospitalisa o ouro: e afinal sobre o schisto, a q' chamão pissarra. Apesar desta chamada formação se acha ouro bruto em pedaços, e sem figura regular a flor da terra, porem quasi sempre misturado ou concomitando o ocre marcial q' chamão tapanhoacanga, alias cabeça de negro. Os mineros pois preocupados com esta cham.ᵈᵃ formação nunca procurão ouro senão nos lugares emq' a achão.

havia quina nas serras de Cuyabá e sendo as m.ᵐᵃˢ q' atravessando o Brasil entrão pela America de Espanha, porq' não podem conter ja nos seus seios, e ja nas suas fraldas Minnas de prata? Conheço a dificuld.ᵉ e o trab.ᵒ de hum exame, q' chamão socavação* mas porq' se não usa trado ou verruma de perforar a terra, e sondar os minerais como na Europa?** então em poucas horas se examinará huma campanha, q' pelos gros.ʳᵒ e trabalhoso methodo costumad.ᵒ, certo se não examinaria com m.ᵗᵒˢ dias. Os m.ᵐᵒˢ rios q' fluindo pelas terras auriferas contem no seu leito ouro e gemmas preciosas ainda estão virgens, tudo p.ʳ falta d'instrum.ᵗᵒˢ p.ᵃ exame. He p.ᵃ, admirar, q' em cada huma das 3 Cap.ⁿⁱᵃˢ de Minnas se achem tantas e tantas campanhas, rios e serras p.ʳ examinar-se! e esta inercia tem a sua origem na falta de hum Mecenas e no receio, q' ja tenho exposto. Hajão pois expedições annuaes, e p.ᵃ diversos terrenos a inventar novas Minnas, e teremos novos descobrimentos e gr.ᵉˢ interesses assim p.ᵃ a R.ˡ Faz.ᵈᵃ como p.ᵃ os particulares. As despezas devem sahir do publico auxiliado p.ʳ S. A. R.ˡ a Quem os povos das Cap.ⁿⁱᵃˢ devem recorrer afim de lhes dar os individuos sertanejos p.ᵃ a exped.ᵃᵐ do sertão. Os meios o m.ᵐᵒ S.ʳ Subministrá e talvez se acorde da feliz lembr.ᶜᵃ q' teve o S.ʳ D. Pedro 2.ᵒ, seu Aug.ᵐᵒ

---

* Socavação se diz nas Minnas os poços q' se abrem p.ᵃ examinar as campanhas, q' se suppõem auriferas. O modo he m.ᵗᵒ grosseiro, porq' a força de braços rompem a terra fazendo os poços ja quadrados e ja redondos, e com commodo de se poder menear o trabalhador no seu centro e cada hum poço se chama socavão, e este he o unico methodo de exame.

** No anno de 1804, q.ᵈᵒ eu ja tinha enviado esta Memoria a R.ᵃˡ Academia, fui a V.ᵃ Bella, Cap.ᵗᵃˡ de Matto Grosso onde vi alguns trados de ferro q' de Lx.ᵃ tinha trazido o Dr. Naturalista Alex.ᵉ Roiz Ferr.ᵃ. Achei-os com m.ᵗᵃ imperfeição; então soube q' o Gov. ᵒʳ Cap.ᵐ e Gen.ˡ Caet.ᵒ P.ᵗᵒ de Mir.ᵈᵃ Montenegro mandou p.ʳ em pratica alguns daq.ˡ trados, porem sem eff.ᵗᵒ ou pr. insuficiencia delles, ou pr. impericia dos q' os meneavão. No fim desta Memoria eu junto as configurações de alguns trados, q' encontrei na Encyclopedia antiga, e na Arte de minerar as Minnas de Chemnitz. Tambem ajunto hum trado na m.ᵃ invenção p.ᵃ examinar o leito dos rios e me parece terá melhor effeito do q' a maquina invent.ᵈᵃ nas Minnas Geraes. Vid. fig. 1 no 1.ᵒ Desenho e fig. 3 no 2.ᵒ Desenho.

Avo escrevendo a Cap.[nia] de S. Paulo, invitando aos mor.[es] p[a] a empreza da conquista dos sublevados pretos do gr.[e] quilombo dos Palmares em Pernambuco. * O unico meio de q' me lembro (se hé licito a hum simples vassalo indicar meios q' só competem ao Soberano) era o de hum Decreto R.[1] pelo qual se perdoassem todos e quaisquer delictos antes commettidos, q' não forem de Lesa Mag.[e] aos facinorosos, q' vivem profugos e foragidos, e que espontaneam.[e] se appresentarem dentro de certo tempo p[a] serem ocupados no exerc[o] do sertão pelo tempo, q' merecer a gravid.[e] do delicto. Então se ajuntarão m.[tos] e m.[tos] sertanejos com o interesse de voltarem aos seus domicilios, e sem m.[ta] despeza fazerem as expediçõens, q' o vulgo no Brasil chama bandeiras. Este he o pr.[al] meio de reparar a decadencia das Minnas, ao m.[mo] tempo, q' he o mais incerto por depend.[r] da sorte. Agora passo a propor o segundo, q' he o mais seguro e o mais dificil d'introduzir nos povos minr.[os] e por não ser tão fastidioso, e evitar a prolixid.[e] eu ajunto alguns Dezenhos no fim desta Memoria p[a] bem indicar o grosseiro methodo, e cega rutina, comq' se trabalha nas Minnas de ouro.

Apesar do que fallo nesta Memoria de todas as Minnas do Brasil, contudo eu me cinjo ao q' presencio nestas do Cuyabá na Cap.[nia] de Mattogrosso.

As Minnas do ouro desde a sua origem não conhecem outros instrum.[tos] p[a] a excavação, e exerc[o] de minerar senão alabanca, almocrafe, batea, carumbê, e proximam.[e] marreta. Vide no Dez[o] 1[o] as figs. 2, 3, 4, 5 e 6. E com esta ferramenta no lugar da confiança rompem a terra a força de braços, a q'chamão desmontar. Vid. nom.[mo] fig. 7. E q.[to] mais se aprofunda mais e maior... se desmonta até q' chegando ao cascalho, alias saibro argilloso, q' descansa sobre o schisto, vulgo pissarra, se extrahe o ouro p[a] lavagem q.[do] ha; Vide o Dez[o] 2[o]

---

* Quilombo se diz no Brasil a povoação ou deserto em q' vivem escr.[os] fugitivos.

fig. 1 ou se conhece a perd.^{am} q.^{do} se não acha. Ao trab^o de desmontar accrese o de exgotar a cata, q' he o fosso aberto perpendicularm.^e cujo esgoto fazem a braços dos escr.^{os} sobre os receptaculos a que chamão pias. Vid. o Dez^o 1° fig. 8. Este he o methodo de trabalhar nos fundoens a q' chamão tejucais, taboleiros, e feixos dos morros. O seg.^{do} methodo he o trab^o tambem a secco, a q' chamão de batatal ou guapeára.* Este methodo he mais facil, porq' a guapeára em p.^{te} tem 1, 2, até 5 palmos d'altura, e emp.^{te} pouco mais; e então tirão a terra fazendo rasgoens, e apartando as pedras, passão como joeirando a terra, a q' chamão coar, p^a afastar-lhe as pedras meudas afim da lavagem como se ve no Dez^o 1 fig. 9. Este methodo de todos he o peior, pois q' desperdiça o ouro cento p.^r cento; porem a necessidade he q' obriga a coação de terra, e formar caxambu** e por penuria d'agua lavar em Cuyabá.*** O terç.^{ro} methodo he o mais aceado, mais commodo e de mais... e se chama serv^o de talho aberto, q' se desbarranca com agua p^a cima, e he todo fundado em lavagem desta sarapilheira, alias terra humosa até o schisto ou pissara, q' tambem a quebrão e lavão. Porem onde estão as aguas superiores q' bem possão cobrir todos os terrenos auriferos? E quais os minr.^{os} com posses p^a formarem aquedutos de muitas leguas? A necessid.^e tem ensinado a formalizar vallos q' chamão regos debaixo do preceipto (?) do nivel (em q' são assas peritos os minr.^{os} das Minnas geraes) porem resta q' hajão aguas superiores. O quarto methodo he o de seguir os filoens de quartzos, q' se entranhão orisontalm.^e, pelos montes, ou diagolm.^e pelas planicies; a

---

* Guapeára, tr.^o gentilico, q' significa cutis (?) da terra e tambem se dis batatal.

** Caxambú, tr.^o da lingua dos pretos da costa da Minna, q' significa monte. E na verd.^e com a figura conica q' se faz necess.^a p.^a lansar a terra na parte acuminada (?) ella correndo abx.^o solta as pedras, q' facilm.^{te} se appartão da terra, porem perde-se m.^{to} ouro que acompanha as pedras.

*** Cuyacá, tr.^o da lingua dos m.^{ros} pretos da Costa. O methodo de lavar em Cuyacá he sordido, q' he batendo a terra com a m.^{ma} agua enlodada e q.^{do} m.^{to} grossa esgotão o peq.^{no} poço, e lanção-lhe nova agua afim de continuar a lavagem. Vid. Dez.^o 1° fig...

estas Minnas chamão d'ouro de pedra, ou vieiro de cristal, q' não são outra couza se não os filoens do quartzo, q' rompendo o schisto concervão no seu interior ouro esparcido: p.ª cuja extração se faz necessr.º a trituração da pedra por meio das marretas, e por este methodo feita crua e grosseiram.ᵉ a tritur.ᵃᵐ do quartzo passão a lavar nos bulinetes. * O quinto methodo he o da faisqr.ª q' he o m.ᵐᵒ q' andar colhendo ouro sem destino certo a manr.ª de provas, ja em hum, ja em outro lugar. Este methodo he o proprio dos escr.ᵒˢ q' andão ao jornal; e de facto não se faz serv.º, mas som.ᵉ lavando a terra crua, e ainda por entre as Minnas velhas achão alguns residuos d'ouro, a q' chamão faiscas, e daqui o tr.º faisqr.ᵃ Vid. Dez.º 2.º fig. 2.

Tenho exposto todos os methodos q' conheço se practicão nas Minnas do ouro, e tambem não duvido affirmar q' são os m.ᵐᵒˢ q' nos ensinarão os pretos da Costa do Ouro e os m.ᵐᵒˢ q' se practicarão a 100 annos a esta p.ᵗᵉ de forma q' hoje o conhecim.ᵗᵒ maior ou menor do Minr.º consiste na melhor ou peior disposição do serv.º, de sorte q' sendo este o m.ᵐᵒ se haja de fazer com menos escravos e com menos tempo.

Na Cap.ⁿⁱᵃ das Minnas geraes se tem inventado algumas maquinas como a roda de rosario de esgotar, aqueductos de repucho e subterraneos, e ferro d'examinar os leitos dos rios ja demonstrado do Dez.º 2.º fig. 3, porem pouco melhoram.ᵗᵒ sentio a arte de minerar. Outras me parece q' deverão ser as maquinas de facilitar o trab.º das Minnas, q' eu não proponho, porq' não sei qual o merecim.ᵗᵒ desta Memoria, q.ˡ o conceipto q' por ella merecerei: porem apezar da mornidão q' reina em todas as Minnas, eu deverei consinar, q' o mais ignorante da Cap.ⁿⁱᵃ das Minnas geraes, mais sabe dirigir hum serv.º do q' o mais intend.º minr.º da Cap.ⁿⁱᵃ dos Guayazes, assim como o mais ignorante desta tem mais conhecim.ᵗᵒ do q' o mais

---

* Bulinete se chama o lugar da lavagem da terra, q' se faz deb.º do rebojo da queda d'agua, q' orizontal e artificiosam.ª cahe depositando neste sitio todo o ouro q' se despega da agua ou barro como ja mostrei no Dez.º 2º fig. 1.

entend.º da arte de minerar da Cap.ⁿⁱᵃ de Matogrosso; porq' os miner.ᵒˢ destas ultimas Minnas encontrão mais abund.ᵃ d'ouro, ou de mais facil extração do q' os minr.ᵒˢ das Minnas geraes, não se canção ou trabalhão em facilitar o serv.º, e nem se lembrão d'alguma industria comq' em menos tempo fação o m.ᵐᵒ q' com dobrado farião, e talvez com menos braços. Eu pois direi, ou apontarei o q' me occore ligeiramente a resp.º da socavação e desmontação.

Para facilitar a socavação ou exame das campanhas auriferas trago as verrumas ou trados, q'encontrei na Encyclopedia, e na Arte das Minnas de Chemnitz na Hungria com o seu apparelho no Dez.º 2 fig. 4. Delles se poderá usar com m.ᵗᵃ facilidade fazendo mover o apparelho p.ʳ bois ou escr.ᵒˢ Achado o ouro, se pode fazer a desmontação fazendo a condução da terra por meio de carrinhos de mão ou costados de bois* em ordem a poupar braços, porq' cada escr.º apenas pode conduzir huma arroba de terra p.ʳ vez, q.ᵈᵒ o boi pode conduzir 8 ou 10 arrobas. Vid. o ja demonstr.º Dez.º 1.º fig. 7. Quando a cata está perfundada se pode usar de guindastes ou sarilhos p.ᵃ tirar a terra e pedra, q' depois de tiradas, facilm.ᵉ se transportão p.ᵃ onde convier. Para o esgoto se deverá usar das ordin.ᵃˢ bombas de repucho** ou compresão, visto se não poder construhir bombas de gazes. Quanto ao serv.º de batatal, sendo mais facil a condução d'agua, q' a da terra, já serve, q' nos costados dos bois podem conduzir gr.ᵉˢ odres d'agua e com mais facilidad.ᵉ d'agua em barris nos costados das bestas, e cabeças d'escrav.ᵒˢ. A resp.º do 3º methodo fica-me lugar de lembrar o uso do mer-

---

* Nas Minnas do Cuyabá está em bom uso servirem-se de bois como de bestas p.ᵃ as cargas. Eu tenho projectado hum gen.º de caxão p.ᵃ esse eff.º o q.ˡ se pode melhor esvasiar sem ser precizo descer ou levantar o caxão, pois se enche com a pá e se solta a terra p.ʳ hum registro, e deste modo carregará hum boi p.ʳ 8 escr.ᵒˢ. Vid. Dez.º 2.º fig. 5.
** Na era de 1800 eu construhi no rio Cuxipó vizinho da V.ᵃ do Cuyabá a pr.ᵃ bomba de repucho na pres.çᵃ do Gov.ᵒʳ e Cap.ᵐ Gen.ᵃˡ Caet.º P.ᵗᵒ de Mir.ᵈᵃ e a exemplo della se construhirão outras, porem hoje em dia se deixarão de bombas, por não saberem broquear a madr.ᵃ e faze-las de huma so pessa.

curio na lavagem do bulinete, pos q' sendo o deposito alias cabeceira de bulinete de páo e de huma só pessa, pode-se bem lançar em cada bulinete hum arratel de mercurio em ordem a atrahir asi as subtil.^{mas} feculas d'ouro, q'alias boiarão sobre a agua enlodada como acontece* e depois lançando-se a massa toda de mercurio em huma retorta, cuja extremid.^e deverá estar submersa em agua fria, ahi se depositará certam.^e o mercurio liquido com pouca perda do seu peso, ficando ao m.^{mo} passo o ouro no fundo de retorta. Pelo q' dis resp.^o ao 4.º methodo d'extrahir o ouro exist.^e no quartzo ha hum grand.^{mo} erro, e grave prejuizo na trituração do quartzo, porq' cruam.^e moem a pedra e lavão sem algum outro beneficio, lançando fora m.^{to} ouro no residuo mal triturado. Lembra-me advertir q' o quartzo aurífero extrahido q' seja das Minnas se deve lançar em hum deposito ou forno como de cal e fazer-lhe fogo activo, e q.^{do} estiver na sua maior ardencia se lhe lançará agua fria, q' certam.^e deixará a pedra fragilissima, e fendida p.^r todos os lados, de per consequens mais trituravel.

Ao 5.º methodo de minerar faiscando, nada tenho q' additar ou advertir, porq' a faisqr.^a he o unico meio conhecido p.^a se descobrir o ouro, ou ainda no paiz já descoberto pela faisqr.^a se vem a conhecer o lugar mais rico. Aqui convinha dizer eu o q' cinto, e o que tenho prejectado a resp.^o da hydraulica, q' bem se faz preciza a todo o minr.^o, pois q' presentem.^e senão conhece outro modo, q' o das tapagens, a q' chamão tanques, e os aqueductos terreos, que chamão regos, porem não me adianto pelas razões q' já dei, e apenas apontarei algumas maquinas q' na mineração se fazem precisas. Já disse q' nas Minnas geraes se tinha inventado a maquina hydraulica chamada roda de rosario, q' he tocada pela corr.^e d'agua, porem senão pode negar q' esta roda alem de dispendiosa, tem mil desconcertos: e

---

* Nas Minnas dos Guayazes, onde o ouro he tenue ou como lhe chamão de poagem, costumão por nas seg.^{tes} quedas dos bulinetes, couros de bois com o pello contra a corr.^e d'agua, e alguns cobertores chamados de papa p.^a haverem o subtil pó de ouro.

porq' se não lembrão de fazer voltar pelo m.^{mo} auxilio d'agua huma e m.^{tas} bombas d'Archimedes, alias de espira porq' se não acordão de formalizar as bombas de compressão por conductos de solla (q' he barata nas Minnas) afim d'elevarem a agua e desbarrancarem-se os taboleiros, ja vesinhos e ja distantes dos rios?* Eu não devo supor ignorancia nas Minnas geraes, onde estão m.^{tos} artificies e engenhosos maquinistas, porem culpo a innação moleza e talvez escasseza do poderoso, e a pobreza do animoso. Em huma palavra: o q' pode não tem animo de gastar, e o que quer, e tem animo de gastar não tem; e esta a cauza porq' se não adianta a industria, senão anima a invenção p^{a} o melhoramento das cansadas Minnas.

Tenho apont.^{o} o meio de melhorar as Minnas facilitando o trabalho; agora passo a expor o terçr.^{o}, q' he economico, e do q.^{1} se podem seguir grand.^{mas} utilidad.^{es}, como vou demonstrar.

O meio economico de q' me lembro, he a introdução nas Minnas do dinhr.^{o} cunhado d'ouro, prata, e cobre, e este meio he so depend.^{e} da vontade de S. A. R. q' he Quem pode felicitar as Minnas pelo dito meio. Primeiram.^{e} havendo o dinhr.^{o} provincial, inquam, dinhr.^{o} proprio de cada Cap.^{nia} de Minnas, será este estavel e permanente; de q' se seguem as utilidades de não se retardar o comercio a espera de pagam.^{to} d'ouro, q' ainda se não estrahio, a de não se elevarem os preços da mercadorias, q' a titulo de fiadas sobem de preço ao galarim. Em seg.^{do} lugar se evita o grav.^{mo} prejuizo, q' a m.^{tos} annos sente o publico, o q.^{l} cauza o ouro em pó correndo mal acondicionado nas algibeiras; e a considerável quebra q' tem de pezo a pezo na sua divizão, ou distribuição. Em terçr.^{o} lugar com o uso do dinhr.^{o} se evita a descarada uzurpação, q' costuma fazer a gen-

---

* Na m.^{ma} era de 1800 eu fiz construhir em ponto peq.^{no} 3 bombas, q' trabalharão no corrego desta m.^{ma} Villa em pres.^{ça} do m.^{o} Gov.^{or} q' approvou e se admirou da simplicid.^{e} de cada huma, porem os minr.^{os} rirão-se das bombas, e debx.^{o} de mofa dizião, q' m.^{to} ouro se tinha tirado sem bombas, e q' elles mais precizavão de quem desco... q' de maquinas, pois q' os pretos suprião bem a falta de bombas.

te baixa e de larga consciencia falsificando pezos, e a m.^{ma} balança, e ajuntando latão ao ouro para augmentar o seu pezo, * e apezar d'alg.^{ma} vigilancia q' costuma a just.^a por neste art.º, de balanças, não he possivel de huma vez arrancar este inveterado roubo q' se faz ao publico. Em quarto lugar: havendo abund.^a de dinhr.º cunhado p.^a trocas d'ouro em pó, e em barra, se evita m.^{ta} p.^{te} do extravio do ouro bruto, cujo extravio costuma causar a necessid.^{e.}; porq' m.^{tas} vezes o comerciante q' tem de retirar-se p.^a beira-mar acaba d'arrecadar o que se lhe deve nas vésperas da sua jornada; e como lhe não fica tempo p.^a fundir o ouro bruto, ac per consequens pagar o 5.º, o leva extraviado, e já se ve q' a R.^l Faz.^{da} he a prejudicada. Em quinto lugar: com o uso do dinhr.º prov.^{al} * * se pode evitar a deserção e desvio dos facinorosos, tanto assassinos, como uzurpadores de huma p.^a outra Cap.^{nia} pois q' apparecendo dinhr.º extranho em qualquer das Cap.^{nias} deverá ser capturado aquelle em cuja mão se acha o dinhr.º, pois he evid.^e prova, de que o individuo não passou pelos Reg.^{os}, e por conseq.^a delinquente pois q' a ter passado certo q' faria a costumada troca de dinhr.º ou ao menos na busca, q' se costuma dar nos Reg.^{os} seria achado o dinhr.º q' apparece. Em sexto lugar acommod.^e dos viajantes e cobradores q' nem sempre podem achar balanças fieis p.^a arrecad.^{am} do ouro em pó e da m.^{ma} sorte os pesos, q' mais das vezes são fabricados pelos domnos das balanças, e porisso com ternos de pesos p.^a receberem, e ternos de pesos p.^a pagarem. Isto digo ainda no caso do ouro ser limpo, porq' quasi sempre vem o ouro em po acompanhado de esmeril, areia, e terra: e apesar do cuid.º do recebedor, não he facil

---

* Chimicam.^e appartei dez 8.^s de latão em 400 Cr.^{ados} q' recebi do meu ordenado, q' me foi pago em ouro em pó da Cap.^{nia} dos Guayazes.

* * Ja a moeda prov.^{al} foi introduzida na Cap.^{nia} das Minas geraes, a que chamarão... toda ella era de prata com os valores de 600 rs. de 300, de 150 rs. e 75 rs.; e porq' não houve prohibição, se passou toda p.^a o R.º de Jan.º, onde causou não peq.^{na} confusão com os 640, 320, e 80 rs. q' correm nas Cap.^{nias} de beira-mar.

appdartar do ouro em pó todo o esmeril q' ajuda o seu peso. *
Parece q' tenho assas mostrado as utilid.^{es} q' necessariam.^e se
hão de seguir da introducção do dinhr.^o moeda nas tres Cap.^{nias}
de Minnas; porem esta moeda de tal sorte se deve diversificar
em cada huma das Cap.^{nias} q' bem se conheça, q' esta moeda
he desta e não daq.^{la} Cap.^{nia}.

Aquellas forão as cauzas da decadencia das Minnas, confr.^e
observei a 40 annos: e estes são os meios q' cogitei capazes d'a
reparar. Posso errar, posso enganar-me, e nem sustento q'
sejão solidas as razoens q' dou, porem estou certo, q' qualquer
dos meios apontados, posto em pratica, seja pelo modo q' for,
he capaz d' augmentar a R.[1] Faz.^{da}, e de felicitar os povos das
tres Cap.^{nias} de Minnas; e se parecer q' me adianto ou q' são
errados os meus juizos, desejo q' a R.[1] Academia os corrija
considerando-os como deff.^{tos} nascidos da ignorancia e descuido; e nunca de prevenção ou interesse; pois q' estando eu nas
Minnas a quatro annos, não possuo escr.^{os}, não tenho fabricas,
e nem alguma outra ocupação, senão a de dictar as preliçoens
da Filosofia Rac.^{al} e Moral aos meus ouvintes, e por isso longe
de participar das utilid.^{es} q' podem as Minnas dar com o seu
melhoramento: e so amor, e zello patriotico me obrigão, ou
puderão obrigar-me a fazer patente os meus deffeituosos sen-
timentos.

(Ms. do Arquivo da Diretoria de Engenharia do Ministério da Guerra)

---

* Eu m.^{mo} vi misturar 80 oitavas de esmeril com 500 oitavas d'ouro, e depois de... não
pude divisar hum só grão d'esmeril.

Notas

•

ABREVIATURAS

ABN   *Anais da Biblioteca Nacional do Rio de Janeiro*
AMP   *Anais do Museu Paulista*
DI   *Documentos Interessantes para a História e Costumes de São Paulo*
RAMSP   *Revista do Arquivo Municipal de São Paulo*
RIHGB   *Revista do Instituto Histórico e Geográfico Brasileiro*
RIHGMT   *Revista do Instituto Histórico e Geográfico de Mato Grosso*
RIHGSP   *Revista do Instituto Histórico e Geográfico de São Paulo*

1. Os caminhos do sertão [pp. 41-6]

1. "Memória sobre o estado atual da capitania de Minas Gerais, por José Eloy Ottoni, estando em Lisboa no ano de 1798", *ABN*, v. XXX, p. 312; e Baltazar da Silva Lisboa, *Annaes do Rio de Janeiro*, v. II, p. 277.

2. O transporte fluvial [pp. 47-72]

1. Dr. Walter J. Hoffman, "Der Indianische Birkenrindenbau", *Globus*, Braunschweig, v. LXV, p. 335, 1894.
2. Cf. Lacerda e Almeida, *Diário da viagem do dr. Francisco José de Lacerda e Almeida pelas capitanias do Para, rio Negro, Matto Grosso, Cuyaba, e S. Paulo, nos annos de 1780 a 1790* (São Paulo: 1841), p. 78 *n*. [Disponível em: < http://bd.camara.gov.br/bd/handle/bdcamara/1941>. Acesso em: 19 ago. 2014.]

3. Ao sr. Alfredo Ellis Junior cabe, aparentemente, o mérito de ter sido o primeiro a mostrar o quanto é ilusória a crença de que as vias fluviais tiveram uma ação decisiva sobre esse movimento. Em seu livro *O bandeirismo paulista e o recuo do meridiano*, à p. 44, diz-se, sem muito exagero, o seguinte: "Outro grande erro, do qual não têm escapado mesmo muitos historiadores de certo renome, consiste na suposição de que o movimento expansionista das bandeiras se deu pelas vias fluviais. O Tietê, o velho Anhembi, que à primeira vista parece ter sido o grande caudal que determinou o bandeirismo, foi desconhecido de grande parte do movimento".

4. José Peixoto da Silva Braga, "A bandeira do Anhanguera a Goyaz em 1722", *Gazeta Literária*, Rio de Janeiro, v. I, 3º, p. 62, 1883.

5. "... which River wee passed with things made of cane tyed together with withes, which the Portugals call *Jangathas*." "The admirable adventures and strange fortunes of Master Antonie Knivet, which went with Master Thomas Candish in his second voyage to the South Sea. 1591." *Purchas his Pilgrimes* (Londres: 1625. parte IV), p. 1213. "Atravessamo-lo em embarcações às quais chamam *Jangadas*." Jorge Marcgrave, *História natural do Brasil* (São Paulo: 1942), p. 264; Orville Derby, "O roteiro de uma das primeiras bandeiras paulistas", *RIHGSP*, v. IV, p. 335.

6. Pe. João de Souza Ferreira, "América abreviada", *RIHGB*, v. LVII, 1ª, p. 41; J. Machado d'Oliveira, *Quadro histórico da província de São Paulo* (São Paulo: 1864), p. 109. Berredo também se refere ao mesmo fato, dizendo que os homens de Raposo Tavares desceram o Amazonas "em humas pequenas embarcações que se chamão balsas". *Annaes históricos do estado do Maranhão*, 2. ed. (Maranhão: 1849), p. 410.

7. "Deixando a pátria transformada em fontes,/ Por termos nunca usados, nem sabidos,/ Cortando matos, arrazando montes,/ Os rios vadeando, mais temidos,/ Em *jangadas*, canoas, balsas, pontes..." Cláudio Manoel da Costa, *Obras poéticas*. Rio de Janeiro: 1903. v. II, p. 176.

8. "Relación de la Guerra y Victoria alcanzada contra los Portugueses del Brasil...", *RIHGSP*, v. X, p. 530; "Roteiro por onde se deve guiar quem sahir por terra da Colônia do Sacramento...", em Capistrano de Abreu, *Ensaios e estudos*, 3ª série (Rio de Janeiro: 1932), p. 104.

9. Carta do marquês de Lavradio ao sr. João Henrique Böhm, de 8 de agosto de 1776. *Boletim do Centro Rio-Grandense de Estudos Históricos*, Rio Grande, v. I, 1º, p. 98, out. 1939.

10. "Demonstração dos Diversos Caminhos de que os Moradores de São Paulo se servem para o Rio Cuyabá [...]", *AMP*, v. I, 2ª, p. 463.

11. Cf. P. Pablo Hernandez, *Organización Social de las Doctrinas Guaranies* (Barcelona: 1913), v. I, p. 241; Dr. D. Francisco Jarque, *Ruiz Montoya en Indias* (Madri: 1890), v. III, p. 205. O uso de balsas semelhantes também é assinalado por volta de 1734 no rio Paraguai, onde têm o aspecto de "casas portáteis armadas sobre canoas". Joseph Barbosa de Sá, "Relação das Povoações do Cuyabá e Mato Groso de seos Princípios thé os Presentes Tempos" (1775), *ABN*, v. XIII, p. 34.

12. Georg Friederici, *Die Schiffahrt der Indianer* (Stuttgart: 1907), p. 26.

13. A descrição deixada pelo pe. Cardiael foi redigida em 1772, quando esse missionário já andava na Europa, e diz o seguinte: "Los rios no tienen puentes: y algunos son muy caudalosos. Para pasarlos se llevan, prevenidos cueros de toro. Se hace una pelo-

ta, o un quadrado de un cuero de éstos. Se levantan alrededor las orillas con una tercia, y se afianza con un cordel, para que estén tiesas. Metese el hombre y las cargas dentro, a la orilla del rio; y otro nadando va tirando de un cordel la débil barca hasta la otra orilla, o va desnudo encima de un caballo nadador. Sufre cada cuero de estos doce o catorce arrobas: y pasa y vuelve á pasar hasta más de una hora, sin que se ablance. Asi camiñan los Jesuitas y toda gente de alguna distinción. Los indios y gente baja pasan los rios nadando al lado o encima de sus caballos, y sus alforjitas en la cabeza". Relación verídica de las Misiones de la Comp.ª de Ihs. en la Provincia, que fué del Paraguay, y solución de algunas dudas sobre las mismas. Obra del P. N. N. (P. José Cardiel, S. I.) Misionero de las dichas Misiones escrita a instancias del P. N. N. Misionero apostólico en la Prov.ª que fué de Castilla, Faenza, anno 1772. Ms. da Biblioteca Nacional do Rio de Janeiro. Col. Benedito Ottoni, I-5, I, 52.

14. Sobre as pelotas, pode-se consultar Georg Friederici, *Die Schiffahrt der Indianer* (Stuttgart: 1907), pp. 26 ss.; Alves Câmara, *Ensaio sobre as construções navaes indígenas*, 2. ed. (São Paulo: 1937), pp. 226 ss.; "Diário resumido do dr. José de Saldanha", *ABN*, Rio de Janeiro, 1938, v. II, pp. 201-2, nota; N. Dreys, *Notícia descritiva da provincia do Rio Grande de S. Pedro* (Porto Alegre: 1927), p. 151.

15. "Diário de viagem de Moçambique para o rio de Sena, feito pelo dr. Francisco José de La Cerda e Almeida" (1798). Ms. da Biblioteca Nacional, Rio de Janeiro, I-28-28-8.

16. Alves Câmara, op. cit., p. 103; "Diário de Navegação do Rio Tietê, Rio Grande, Paraná e Gatemy, escrito pelo Sargt.º Mor Teotônio José Juzarte" (1769), *AMP*, v. I, 2ª parte, pp. 44 ss.; "Diário de Aguirre", *Anales de la Biblioteca*, Buenos Aires, 1905, v. IV, p. 57; J. B. von Spix e C. F. Ph. von Martius, *Reise in Brasilien* (Munique: 1823), v. I, pp. 264-5; Hércules Florence, *Viagem fluvial do Tietê ao Amazonas* (São Paulo: s. d.), pp. 11-2.

17. J. B. von Spix e C. F. Ph. von Martius, op. cit., v. III, p. 1336. Pizarro afirma igualmente que a equipagem dessas embarcações constava de vinte homens. Nesse total incluíam-se remeiros, pescadores, piloto, dono e agregados. Pizarro e Araújo, *Memorias Historicas do Rio de Janeiro e das Provincias Annexas à Jurisdição do Vice-Rei do Estado do Brasil* (Rio de Janeiro: 1820), v. IX, cap. II. Luiz d'Alincourt, por sua vez, escrevendo já em 1830, dizia que os igaritès do Madeira, na provincia de Mato Grosso, carregavam, em média, mil a 2 mil arrobas. "Rezultado dos Trabalhos e Indagações Statisticas da Provincia de Mato-Grosso, por Luiz d'Alincourt, Sargento Mor Engenheiro", *ABN*, v. III, p. 139.

18. Cf. "Mapa presentado a S. M. por D. Luiz de Cespedes Xeria para la mejor inteligencia del viaje que hizo desde la Vila de San Pablo del Brasil a la Ciudad Real de Guayrá", reproduzido em *Collectanea de Mappas da Cartographia Paulista*, abrangendo nove cartas, de 1612 a 1837... e acompanhadas de breves comentários por Affonso d'E. Taunay, São Paulo, v. I. Carta 2ª.

19. "... e como semelhantes embarcações não têm quilha e passão com tanto risco e em parte he preciso levarem-se aos hombros, por cuja rezão se fazem tão pequenas que apenas levarão cada huã cinqüenta ou sessenta arrobas, entrando neste peso trez ou quatro pessoas, que he o mais que podem levar...", *DI*, v. XXXII, p. 84. Cf. igualmente *DI*, v. XXXII, p. 185.

20. *DI*, v. XLIV, p. 273.

21. "Carta do Illmo. e Exmo. Sr. Conde de Azambuja ao de Val de Reys em que lhe relata os sucessos de sua viagem para o seu Governo do Matto Grosso em 1750." Ms. da Biblioteca Nacional, Rio de Janeiro: cod, DCXLIV/28-17.

22. *AMP*, v. I, 2ª parte, p. 44. Na mesma ocasião, o preço médio da bordadura de uma canoa era de 4$000; o de um cento de pregos de pau a pique para consertos, $720; o de um remo de proeiro, $160; e o de um remo de remar, $120. *DI*, v. V, p. 17, e v. VI, pp. 39 e 82.

23. Ms. do Arq. Publ. do Est. de S. Paulo: maço 54, pasta 1, n. 77. Além dos processos primitivos de fabrico, a incúria e a prodigalidade de empreiteiros ou trabalhadores concorreriam sem dúvida para esses preços elevados. Muitos anos mais tarde, em 1858, quando se construíram em Constituição (Piracicaba) canoas destinadas às monções do Itapura, seu custo "excessivo e exagerado" será atribuído principalmente a idênticos motivos. Em depoimento prestado durante inquérito então realizado naquela cidade paulista, houve quem dissesse que os operários construtores das referidas embarcações trabalhavam quatro horas por dia e ganhavam 4 mil-réis e 5 mil-réis diários, sem ter, muitas vezes, quem fiscalizasse os serviços, "e que por estas razões tornaram-se *duplicados os preços* das construções". Outra testemunha disse saber que "as canoas foram feitas em seu sítio, e se tornaram *excessivas*, talvez porque os trabalhadores lá apareciam para o trabalho só por *formalidade*, alguns dias; que ao princípio trabalhavam bem e depois pouco a pouco foram-se relaxando, a ponto de irem ao serviço só por formalidade ao que atribui ficarem as ditas canoas por preços exagerados". Joaquim d'Almeida Leite Moraes, *Representação sobre a colonia Naval de Itapura dirigida a S.M. o Imperador por* [...] *bacharel em direito pela Faculdade desta cidade e deputado à Assembléia Legislativa da província*. São Paulo: 1860, pp. 48-9. Convém notar que, nesse caso, a construção das canoas fez-se, não em lugares ínvios e distantes, mas no sítio ou chácara do capitão João Morato de Carvalho – uma das testemunhas acima citadas –, onde poderia ser objeto de fácil fiscalização. Conquanto faltem dados acerca do tipo dessas canoas, do modo de fabricá-las e do material empregado na construção, nada indica que fossem distintas das que se utilizavam nas monções do Cuiabá.

24. *DI*, v. V, pp. 84, 88, 90, 92, 102 e 146.

25. *DI*, v. IX, p. 12.

26. Armando de Mattos, *O Barco Rabelo*. Porto: 1940. pp. 41 e *passim*.

27. Cf. Antônio Sérgio, *História de Portugal*. Lisboa: 1941. pp. 97 e 241. v. I: Introdução Geográfica.

28. *DI*, v. XLIV, pp. 187-8.

29. *DI*, v. IX, p. 26. Cf. também *DI*, v. V, pp. 75-6, 78, 141, e v. XXIII, p. 376. Sobre a fundação de Piracicaba cf., além disso, Mário Neme, "Piracicaba no século XVIII", *RAMSP*, v. XLV, pp. 133 ss.; e Antunes de Moura, "Governo do morgado de Mateus no vice-reinado do conde da Cunha", idem, v. LII, pp. 109 e 132.

30. *DI*, v. V, p. 78.

31. Cf. "Relatório apresentado pelo sr. Gentil Moura", in *Exploração dos Rios Feio e Aguapehy* (São Paulo: Comissão Geographica e Geologica do Estado de S. Paulo, 1906), pp. 3 ss. Ver também sobre o mesmo assunto: Gentil de Assis Moura, "O Primeiro Caminho para as Minas de Cuyabá", *RIHGSP*, v. XIII, pp. 131 ss.

32. O plano de Cândido Xavier figura integralmente na parte 6ª de sua "Discripção

Diaria dos Progressos da Expedição destinada da Capitania de São Paulo para as Fronteiras do Paraguay", que consta de um códice hoje pertencente ao Arquivo da Diretoria de Engenharia do Ministério da Guerra. É o mesmo que se acha assinalado no Catálogo da Exposição de História do Brasil, com o n. 1045.

3. Ouro [pp. 73-99]

1. Cf. J. Patricio Fernandez, *Relacion Historial de las Misiones de Indios Chiquitos* (Madri: 1893), v. I, pp. 92-104; cf. também: Paulo Prado, *Paulística* (São Paulo: 1925), pp. 58 ss.

2. Joseph Barbosa de Sá, "Relação das povoaçõens do Cuyaba e Mato Groso de seos princípios thé os prezentes tempos", *ABN*, v. XXIII, pp. 5-58. É essa a principal fonte de informações conhecida acerca dos inícios da mineração no Cuiabá. A "Relação" vem reproduzida quase textualmente nas "Chronicas do Cuyabá" escritas por Joaquim Costa Siqueira. Cf. *RIHGSP*, v. IV, pp. 4-217.

3. Joseph Barbosa de Sá, op. cit., p. 9.

4. Azevedo Marques, *Apontamentos históricos da província de S. Paulo*. Rio de Janeiro: 1879. v. I, p. 147.

5. *DI*, v. XII, p. 88, e v. XXXII, p. 60.

6. Filipe José Nogueira Coelho, "Memorias Chronologicas da Capitania de Mato Grosso, principalmente da Provedoria da Fazenda Real e Intendencia do Ouro", *RIHGB*, v. XIII, p. 141.

7. Joseph Barbosa de Sá, op. cit., p. 12.

8. A história bem conhecida dos irmãos João e Lourenço Leme da Silva está narrada em cores vivas no livro de Washington Luís *Capitania de São Paulo, governo de Rodrigo Cézar de Menezes* (São Paulo: 1918).

9. *DI*, v. XII, p. 103; v. XLI, pp. 220, 255 ss.

10. Arquivo do Estado de São Paulo, *Sesmarias* (1720-1736). São Paulo: 1937. v. III, p. 231.

11. Segundo D'Alincourt, o autor dessa proeza foi o sertanista Manuel Alves. Cf. "Resumo das Explorações feitas pelo eng. Luiz D'Alincourt desde o Registro de Camapoã até a cidade de Cuyabá", *RIHGB*, v. XX, pp. 336-7. Cf. também: Lacerda e Almeida, *Diário de viagem*, cit., pp. 74-5. Não se sabe com que base Severiano da Fonseca fixou a data de 1729 para a entrada em terras mato-grossenses (Cuiabá?) das primeiras cabeças de gado, que consistiriam em duas vacas leiteiras, três novilhas e um touro. Segundo o mesmo autor, esses animais foram levados de São Paulo por Antônio de Pinho de Azevedo, o mesmo que abriria, mais tarde, comunicação terrestre para Vila Boa de Goiás. J. Severiano da Fonseca e Pires de Almeida, *Voyage Autour du Brésil* (Rio de Janeiro: 1899), p. 175. Outro depoimento, o de João Antônio Cabral Camelo, diz, no entanto, que com sua frota, chegada a Cuiabá a 21 de novembro de 1727, foram quatro ou seis novilhas pequenas "e já no ano de 1730 ficavam algumas paridas, e se produziram couros de porcos e cabras, em breve se cobrirão de gado os campos". *RIHGB*, v. IV, p. 498. Pode-se supor que a descendência desses novilhos foi sacrificada pela falta de recursos de que padeceram os moradores de Cuiabá nos primeiros anos, o que jus-

tificaria a versão acima citada, de Barbosa de Sá. Desde 1725 empenhara-se o governo da capitania em estimular a criação de gado em Cuiabá, permitindo que fosse levado da Vacaria. Cf. *DI*, v. XIII, p. 74.

12. *DI*, v. XXXII, pp. 185-6.

13. Cf. Cônego Luiz Castanho de Almeida, "Bandeirantes no Ocidente", *RIHGSP*, v. XL, pp. 346 e 370.

14. "Memoria q'J.ᵉ M.ᶜˡ de Seqr.ᵃ Presb.ᵒ Secular Professor Real de Filosofia Reac.ᵃˡ e Moral da V.ᵒ de Cuiabá Academico da R.ˡ Academia de Sciencias de Lx.ᵃ enviou a m.ᵐᵃ Academia sobre a decadencia atual das três Capitanias de Minas e os meios d'a Reparar; no Anno de 1802". Ms. do Arquivo da Diretoria de Engenharia do Ministério da Guerra. A memória de Sequeira é a principal fonte utilizada, no presente estudo, acerca da mineração na capitania de Mato Grosso. (Cf. Anexo D.)

15. Nogueira Coelho, op. cit., p. 144.

16. Cf. "Lista das pessoas que entraram, nas funcções principais de Agosto de 1790", *RIHGSP*, v. IV, p. 226.

17. *DI*, v. XXXII, pp. 188-9.

18. Baseado na correspondência de Rodrigo César, que aliás só fornece dados incompletos, pôde apurar o sr. Washington Luiz cifras diversas e, em geral, muito mais elevadas do que as de Nogueira Coelho, concluindo que nos arquivos mato-grossenses não existiria, segundo muitas probabilidades, escrituração precisa dos impostos. Washington Luiz, op. cit., pp. 251 ss.

19. Veja-se a carta dirigida a Sua Majestade pelo governador Rodrigo César de Menezes, datada de São Paulo, 13 de setembro de 1722: "... porq. a mayor p.ᵗᵉ dos sertanistas desta Capitania intentava frequentar a sua marcha por hua paragem chamada *Vacaria*, a qual ainda está indicizo se pertence á Real Coroa de V. Mg.ᵉ ou de Castella por falta de demarcação; me pareceu embaraçar-lhes não continuassem aquelle caminho q' como os Castelhanos costumão vir a dita paragem de anos em anos com cavallaria, a observar se os Paulistas fazem ahi algua prezistencia ou descobrim.ᵗᵒ, por esta cauza como pella de se poder divertir o ouro para Castela se por aquella parte viessem os mineiros, mandei lançar o bando..." *DI*, v. XXXI, p. 19.

20. Ms. do Arquivo Público do Estado de S. Paulo: maço 8, pasta I, n. 25.

21. "Parecer de João de Souza Azevedo (acerca do Tratado de Limites de 1750)", *RIHGB*, v. CLXXII, p. 187.

22. "Diário da Navegação do Rio Tietê, Rio Grande, Paraná e Rio de Gatemy pelo Sargento-mor Theotonio José Juzarte", *AMP*, v. I, 2ª parte, p. 45.

23. Cf. *DI*, v. XIII, p. 144.

24. "Erland Nordenskiöld – La Moustiquaire est-elle Indigène en Amérique du Sud?", *Journal de la Societé des Américanistes*, Paris, v. XIV, pp. 119-26, 1922.

25. Pe. Fr. Laureano de la Cruz, *Descubrimento del Rio Marañon*. Prato: 1878. p. 37.

26. Barbosa de Sá, op. cit., pp. 9 e 16.

27. Cf. "Carta do Conde Azambuja ao de Val de Reys, relatando os sucessos de sua viagem". Cod. Ms. da Biblioteca Nacional Rio, cod. DC + LIV/28-17. Cf. também Juzarte, op. cit., p. 47.

28. Herbert Smith, *Brazil: The Amazon and the Coast*. Londres: 1879. p. 94.

29. Ms. do Arquivo do Estado de São Paulo: maço 54; pasta I; n. 75.

30. Antônio Mariano de Azevedo, *Relatório do primeiro tenente d'Armada* [...] *sobre os exames de que foi incumbido no interior da provincia de S. Paulo*. Rio de Janeiro: 1858. pp. 10 ss.

4. Sertanistas e mareantes [pp. 100-6]

1. Uma recente e lúcida análise dessa situação pode ser encontrada no livro do sr. Caio Prado Júnior, *Formação do Brasil contemporâneo: Colônia* (São Paulo: 1942), especialmente às pp. 281 ss.

2. *DI*, v. v, p. 38.

3. Ms. do Arquivo Público do Estado de São Paulo: maço 54, pasta 2, n. 5.

4. Lacerda e Almeida, op. cit., p. 80.

5. "Carta do Capitão Mór de Porto Feliz, Francisco Corrêa de Moraes Leite ao general da Capitania". Ms. do Arquivo Público do Estado de São Paulo: maço 8, pasta 4, n. 13.

6. "Relação da chegada que teve a gente de Mato Grosso e agora se acha em companhia do Senhor D. Antônio Rolim desde o porto de Araritaguaba, athé esta Villa Real do Senhor Bom Jesus do Cuyabá (1754)". Cópia manuscrita existente na Biblioteca Nacional: I-32, 17, 21.

7. "Neste Citio me despi pela primeira vez, o que athe então não tinha feito desde o primeiro dia da viagem, excepto para mudar de roupa, tanto assim de estar mais prompto para as madrugadas que sempre era pelas três horas da manhã, principalmente quando subi o Tieté, porque naquele rio sempre me levantava mais tarde..." "Carta do Illmo. e Exmo. Sr. Conde de Azambuja ao de Val de Reys [...]". Ms. cit.

8. "Descrição Diaria dos Progreços da Expedição destinada da Capitania de São Paulo para as Fronteiras do Paraguai, em 9 de Outubro de 1800 [...] por Cândido Xavier de Almeida e Souza". Cod. Ms. da Diretoria de Engenharia do Ministério da Gerra: n. 2221.

9. Cf. *Botica Preciosa e Thesouro Precioso da Lapa*. Composto e descoberto pelo missionário apostólico Angelo de Sequeira (Lisboa: 1754), p. 536.

5. As estradas móveis [pp. 107-41]

1. Lacerda e Almeida, op. cit., p. 84.

2. Miguel Arrojado Lisboa, *Oeste de São Paulo, sul de Mato-Grosso*. Rio de Janeiro: 1909. p. 9.

3. C. X. de Almeida e Souza, "Discripção Diaria", ms. cit., parte Iª.

4. "Carta do conde de Azambuja ao de Val de Reys [...]".

5. Cândido Xavier de Almeida e Souza, ms. cit., parte Iª.

6. Paulo Prado, op. cit., p. 58. O sr. Afonso de Taunay, em *História geral das bandeiras paulistas* (São Paulo: 1930, v. VI, p. 42), julga discutível essa identificação. O exame dos antigos mapas geográficos espanhóis e jesuíticos convence, entretanto, de que o nome de Imunciná ou Umuncimá era dado ao próprio Anhanduí-Guaçu. O Pardo figura raramente com o nome atual nos referidos documentos cartográficos e, em um deles,

reproduzido por Pastells, Pablo Hernandes e mais recentemente Furlong, na sua *Cartografia Jesuítica del Rio de la Plata* (Buenos Aires: 1936, v. II), aparece em posição bem diversa da que ocupa em realidade, isto é, desembocando na margem direita do Paraná, mas em ponto sito ao norte da barra do Tietê, ao passo que o Imuncimá surge como afluente do Igairi que, pela posição, poderia ser o Ivinheima. Na carta de d'Anville, de 1748 – que está incluída sob o nº 6-A na coleção anexada pelo barão do Rio Branco à exposição da questão de limites com a República Argentina –, e na de Olmedilla (1775), vê-se ainda o Imuncimá, agora expressamente como tributário do Pardo e em posição que corresponde, de maneira inequívoca, à do Anhanduí-Guaçu. Como o roteiro de procedência paulista, divulgado por Pastells, diz do Imuncimá que "por la banda del Sur entra en el Paraná", cabe supor que o nome do afluente se tenha estendido, também, em certa época, ao curso inferior do Pardo, até à sua barra. Justifica-se assim a identificação proposta por Paulo Prado.

7. "Demonstração dos Diversos Caminhos de que os Moradores de São Paulo se servem para os Rios Cuyabá e Província de Cochiponé", *AMP*, v. I, parte 2ª, p. 461. Cf. também: "Notícias Utilíssimas à Corôa de Portugal e suas Conquistas" em "Inventário dos Documentos relativos ao Brasil no Archivo de Marinha e Ultramar, organizado por Eduardo de Castro e Almeida", VI, *ABN*, v. XXXIX, p. 224.

8. Sobre a existência desse povoado, consulte-se Luiz Castanho de Almeida, "Bandeirantes no Ocidente", *RIHGSP*, v. XL, pp. 343 ss., e também Afonso d'E. Taunay, *História geral das bandeiras paulistas*, v. IV, pp. 219 ss.

9. Veja-se a respeito desse caminho *DI*, v. IX, p. 84. O São Miguel, "que hoje se acha destruído", ficava junto ao Paranapanema, segundo se lê na carta de d. Luiz Antônio. Há certamente engano nesta última afirmação, pois a única São Miguel existente no Guairá foi São Miguel de Ibiangui, arrasada em 1629 por Antônio Bicudo, e ficava perto do sítio onde se ergue hoje a cidade paranaense de Castro. Alcançando o Tibaji, através do Iapó, passariam os sertanistas por Encarnación e San Javier, à margem do mesmo Tibaji, e atingiriam o Paranapanema algumas léguas antes de Santo Inácio. Esse trajeto era, assim, aproximadamente idêntico ao que, em meados do século passado, fez explorar o barão de Antonina, empenhado em procurar comunicação fácil entre a comarca de Curitiba e os sertões do rio Paraguai.

10. *DI*, v. IX, p. 87.

11. "Apontamento para o Diccionario Corographico da Província de Mato-Grosso pelo Barão de Melgaço", *RIHGB*, v. XLVII, p. 317.

12. *ABN*, v. XXXIX, p. 224.

13. Cf. *Collectanea de Mappas*, op. cit.

14. "Officio nº 17, dirigido ao Conde de Linhares por João Carlos Augusto d'Oeynhausen, relativamente aos meios de comunicação da Capitania do Matto Grosso com as outras por via fluvial (1811)". Cópia ms. do Arquivo da Diretoria de Engenharia do Ministério da Guerra. (Ver Anexo C.)

15. Cf. "Resultado dos Trabalhos e Indagações Statisticas da Provincia de Matto Grosso por Luiz d'Alincourt", *ABN*, v. III, p. 117, nota.

16. "Luiz d'Alincourt – Oficios sobre Estatísticas, Defesa e Administração da Prov. de Mato Grosso, de 1824 a 1826", *RIHGB*, v. XX, p. 375.

17. *AMP*, v. I, parte 2ª, pp. 465-8.

18. Lacerda e Almeida, op. cit., p. 74; Hércules Florence, *Viagem fluvial do Tietê ao Amazonas* (São Paulo: s.d.), pp. 49 ss.; "Resumo das Explorações feitas pelo Engenheiro Luiz d'Alincourt, desde o Registro de Camapuã até a Cidade de Cuiabá", *RIHGB*, v. xx, pp. 335 ss.

19. Cf. Clark Wissler, *The American Indian* (Nova York: 1931), p. 34.

20. "Historia dos índios Cavaleiros ou da Nação Guaycurú, por Francisco Rodrigues do Prado", *RIHGB*, v. I, p. 35.

21. Alvaro, Nuñez Cabeza de Vaca, *Naufragios y Comentarios*. Madri: 1922. p. 201.

22. Cf. Francis de Castelnau, *Expédition dans les Parties Centrales de l'Amérique du Sud – Histoire du Voyage* (Paris: 1850), v. II, p. 395.

23. Rodrigues do Prado, op. cit., p. 35.

24. *Sesmarias*. São Paulo: 1937. v. III, pp. 179 ss.

25. *DI*, v. XIII, p. 145.

26. *Sesmarias*, v. III, cit., pp. 231 ss.

27. Cândido Xavier de Almeida e Souza. Ms. cit.

28. "Diário da Diligência do Reconhecimento do Paraguay desde o Logar do Marco da Boca do Jaurú até abaixo do Presídio de Nova Coimbra", *RIHGB*, v. xx, p. 319.

29. Otto Maull, *Vom Itariaya zum Paraguay*. Leipzig: 1930. p. 272.

30. Dr. Max Schmidt, *Indianerstudien in Zentralbrasilien*. Berlim: 1905. pp. 174 e 202.

31. Arrojado Lisboa, op. cit., p. 128.

32. Carta de Diogo de Toledo Lara Ordonhes em "Carta de um Passageiro de Monção", por Afonso de E. Taunay, *Jornal do Commercio*, Rio de Janeiro, 7 maio 1944.

33. Luiz d'Alincourt, "Rezultado dos Trabalhos e Indagações Statisticas da Provincia de Mato Grosso", *ABN*, v. VIII, p. 46.

34. Cf. "Diário de D. Juan Francisco de Aguirre", *Anales de la Biblioteca Argentina* (Buenos Aires: 1905), v. IV, pp. 58 ss.

35. "Navegação a vapor pelo Paraguai até Cuiabá, por Viriato Bandeira Duarte". Ms. da Diretoria de Engenharia do Ministério da Guerra.

6. Comércio de Cuiabá [pp. 142-52]

1. Lacerda e Almeida, op. cit., p. 66.

2. "Divertimento Admiravel para os Historiadores observarem as Machinas do Mundo reconhecidas nos Sertões da Navegação das Minas de Cuyabá e Matto Grosso, por Manuel Cardoso de Abreu (Anno de 1783)", *RIHGSP*, v. VI, p. 257.

3. Cf. *Beiträge zur Geschichte des Krieges zwischen Brasilien und Buenos Aires in den Jahren 1825, 26, 27 und 28. Von einem Augenzeugen* (Berlim: 1834).

4. Cf. "Dissertação a respeito da Cap.ᵐⁱᵃ de São Paulo, sua Decadência e Modo de restabelece-la, escripta por Marcellino Pereira Cleto em 25 de outubro de 1782", *ABN*, v. XXI, p. 215.

5. Cândido Xavier de Almeida e Souza, "Discrição Diaria". Ms. cit. 1ª parte.

6. É nessa área, e só nela, que a presença do monjolo – ainda hoje associada em quase toda parte à farinha de milho paulista – deixou sinais na nomenclatura geográfica. O *Guia Postal da Republica dos Estados Unidos do Brasil* (Rio de Janeiro: 1930) registra

62 localidades, em todo o Brasil, cujo nome evoca o rústico instrumento. A distribuição, por unidades da Federação, é a seguinte: 31 em Minas Gerais, dezesseis em São Paulo, seis no Paraná, três em Mato Grosso, três no estado do Rio, duas no Rio Grande do Sul e uma em Goiás. Esse total seria, sem dúvida, bem mais considerável se nele se incluíssem os cursos de água que também receberam seu nome do monjolo. Só no Rio Grande do Sul, o vocabulário organizado em 1940 pelo Conselho Nacional de Geografia assinala nada menos de onze nomes de arroios que se acham nesse caso. Ver "Vocabulario do Estado do R. G. do Sul", *Anais do III Congresso Sul-Riograndense de História e Geografia* (Porto Alegre: 1940), v. II, pp. 971 ss.

7. Informação prestada ao autor pelo Cônego Luiz Castanho de Almeida, de Sorocaba.

8. Ms. do Arquivo Público do Estado de São Paulo: maço 8; pasta 1; n. 25.

9. Almeida e Souza, "Discrição Diaria". Ms. cit.: *DI*, v. VIII, p. 122. Na viagem de Sá e Faria foram levados também seis barris de biscoito, assim como quatro arrobas de bacalhau e cinco queijos flamengos.

10. Um ponto de vista bem mais radical e, segundo todas as probabilidades, exagerado, acerca desse pequeno consumo do arroz em São Paulo, na era colonial, pode encontrar-se em: Otoniel Mota, *Do Rancho ao Palacio* (São Paulo: 1941), pp. 20 ss. Sobre o mesmo assunto: Sérgio Buarque de Holanda, *Cobra de vidro* (São Paulo: 1914), pp. 115 ss.

11. "Ordens Regias", *RAMSP*, v. XXXVIII, p. 248.

12. *DI*, v. XXIII, pp. 194 e 385.

13. Idem, p. 195.

14. Ms. do Arquivo do Estado de São Paulo: maço 54; pasta 1; n. 100.

15. *DI*, v. VII, p. 46.

16. Ms. do Arquivo Público do Estado de São Paulo: maço 54; pasta 1; n. 78.

17. *ABN*, v. VIII, p. 68.

18. Cons. Albino José Barbosa de Oliveira, *Memórias de um Magistrado do Império*. São Paulo: 1943. p. 192.

19. "Notícia da Situação de Mato Grosso e Cuyabá: Estado de umas e outras Minas e novos Descobrimentos de Ouro e Diamantes, por José Gonçalves da Fonseca", *RIHGB*, v. XXIX, 1ª parte, pp. 356-7.

20. "Tratado de Limites de 1750. Parecer de João de Sousa Azevedo", *RIHGB*, v. CLXXIX, p. 196. Da lentidão com que se arrastavam as demandas coloniais, pode-se ter exemplo no seguinte trecho do testamento de Antônio de Moraes Navarro, do Cuiabá, datado de 1763: "Declaro que trago huma demanda a vinte e sete annos com Amaro Rodrigues que Deus haja, e seu irmão Thomé de Lara Penteado, cuja demanda não saiu ainda a sentença sobre huma sociedade que tive em hum engenho que tive com os ditos em cujas contas me ficou devendo o dito Amaro Rodrigues trezentas oitavas de ouro a minha parte, e ao ditto irmão outras trezentas como se verá nos auttos, pesso a meus testamenteiros e herdeiros sustentem a demanda atté o último tribunal que lhe nam devo nada em minha consciencia". *RIHMG*, t. XIV, p. 52.

21. "Noticias Praticas do Cuyabá e Goyazes, na Capitania de São Paulo e Cuyabá, que dá ao Rev. Padre Diogo Soares o Capitão João Antônio Cabral Camelo sobre a Viagem que fez às Minas do Cuyabá no Anno de 1727", *RIHGB*, v. IV, 2. ed., p. 500.

Anexo C [pp. 157-62]

1. Do padre Sequeira, mencionado nesta passagem, é a memória sobre a decadência das capitanias de Minas, publicada no presente volume no Anexo D. São ainda de sua autoria a "Memoria a respeito do Descobrimento dos Martirios", publicada em apêndice à *Viagem ao Araguaia*, do general Couto de Magalhães, e o escrito intitulado "Invenção da Casca Peruviana chamada Quina vulgarmente achada no Cuyabá, no Anno de 1800", em *RIHGMT*, v. xv, pp. 169-96. Na mesma revista às pp. 151-66 há um elogio acadêmico do padre José Manoel de Sequeira pelo sócio e presidente de honra, d. Francisco Aquino Correa.

Créditos das imagens

•

1. "Retrato de Sérgio Buarque de Holanda", de Antônio Lúcio Pegoraro. Óleo sobre tela, 52 × 60,8 cm (sem moldura). Acervo do Museu Paulista da Universidade de São Paulo. Reprodução de Hélio Nobre.

2, 3, 6, 8, 11, 12 e 13. Imagens do Arquivo Central/ Siarq.

4. © National Portrait Gallery, Londres.

5. CEDOC/ FESPSP.

7, 9 e 10. Acervo de Coleções Especiais e Obras Raras/ BCCL – Unicamp. Reprodução de Renato Parada.

Sobre o autor*

•

Sérgio Buarque de Holanda foi um dos grandes intelectuais brasileiros. De erudição ímpar, contribuiu para o desenvolvimento da crítica literária e da historiografia no país, tornando-se referência obrigatória nesses dois campos. Nascido em 1902, em São Paulo, filho de Cristóvão Buarque de Holanda e Heloísa Gonçalves Moreira Buarque de Holanda, conheceu, na juventude paulistana, grande parte de seus interlocutores intelectuais (e amigos), como Yan de Almeida Prado, Oswald de Andrade, Rubens Borba de Moraes, Guilherme de Almeida, Mário de Andrade e Sérgio Milliet. Aos dezoito anos, por intermédio do historiador Afonso de Taunay, publicou seu primeiro artigo, "Originalidade literária", no *Correio Paulistano*.

Em 1921 mudou-se com a família para o Rio de Janeiro e matriculou-se na Faculdade de Direito, onde conheceu Prudente de Morais Neto. No ano seguinte, foi escolhido pelos

---

* Este texto foi baseado nas informações fornecidas por Maria Amélia Buarque de Holanda em "Apontamentos para a cronologia de Sérgio Buarque de Holanda por Maria Amélia Buarque de Holanda". Disponível em: <http://www.siarq.unicamp.br/sbh/biografia_indice.html>. Acesso em: 6 out. 2014.

modernistas de São Paulo para ser o representante fluminense da revista *Klaxon* – e incumbido, de acordo com entrevista dada a Antonio Arnoni Prado, de levar à frente a ideia "sem pé nem cabeça" de vender a poesia feita em São Paulo "por um grupo de rapazes que ninguém conhecia e que acabava de ser enxovalhado na barulheira do Municipal". Engajado no modernismo, criou com Prudente de Morais Neto a revista *Estética*, de duração efêmera. Ainda no Rio, deu início à carreira de jornalista, e teve a oportunidade de entrevistar, para *O Jornal*, Luigi Pirandello e Blaise Cendrars quando estiveram no Brasil. Assis Chateaubriand, diretor da publicação, propôs a Sérgio Buarque, em 1929, uma viagem para Alemanha, Polônia e União Soviética, e destes, só não conseguiu entrar no país de Lênin. A estadia na Alemanha foi de grande importância para sua formação intelectual – lá travou contato com nomes de peso, como Thomas Mann e Friedrich Meinecke, a cujas aulas assistiu na Universidade de Berlim.

Quando voltou ao Rio de Janeiro, no final de 1930, Sérgio Buarque já dava largos passos rumo ao ensaísmo acadêmico. A partir de anotações que fez durante o período vivido na Europa, escreveu "Corpo e alma do Brasil", artigo publicado em 1935 na revista *Espelho*. O estudo foi a base para *Raízes do Brasil* (1936), "clássico de nascença", nas palavras de Antonio Candido, obra fundadora das modernas ciências sociais no país. Ainda em 1935, casou-se com Maria Amélia de Carvalho Cesário Alvim, e foi convidado por Prudente de Morais Neto a trabalhar na Universidade do Distrito Federal como assistente de Henri Hauser (cadeira de história moderna e econômica) e de Henri Tronchon (cadeira de literatura comparada).

Em 1944 Sérgio Buarque publicou seu segundo livro, *Cobra de vidro*, que reunia alguns de seus artigos de crítica literária – atividade que continuou a desempenhar durante as décadas de 1940 e 1950. Em 1945 saiu *Monções*, considerado seu volume de estreia no ofício da história. No ano seguinte o autor voltou a São Paulo para assumir a direção do Museu Paulista, cargo que manteve até 1956, quando se tornou professor da cátedra de história da civilização brasileira da Universidade de São Paulo. Entre 1953 e 1955, lecionou na cadeira de estudos brasileiros da Universidade de Roma, participando, em 1954, dos Rencontres Internationales de Genève (1954), ocasião em que travou contato com Lucien Febvre, fundador dos *Annales*. Em 1959 saiu pela José Olympio *Visão do Paraíso* – o preferido de Sérgio Buarque entre os livros que publicou.

Na década de 1960, começou a coordenar a coleção História Geral da Civilização Brasileira. Além disso, foi o mentor do Instituto de Estudos Brasileiros (fundado em 1962), do qual também foi o primeiro diretor. Ainda nessa década, Sérgio Buarque recebeu convite para dar palestras nos Estados Unidos, no Queens College, em Harvard e na Universidade de Columbia. Em 1969 pediu aposentadoria da USP em protesto ao AI-5 e às perseguições aos colegas, mas nunca deixou de participar de atividades acadêmicas. Em 1980, participou da cerimônia de fundação do Partido dos Trabalhadores, recebendo a terceira carteira de filiação do partido, após Mário Pedrosa e Antonio Candido. Faleceu em São Paulo, em 1982.

OBRAS DO AUTOR

Raízes do Brasil (1936)

Cobra de vidro (1944)

Monções (1945)

Caminhos e fronteiras (1957)

Visão do Paraíso (1959)

Organização da coleção História Geral da Civilização Brasileira (1960-72)

Do Império à República (volume inteiramente de sua autoria, integrante da coleção História Geral da Civilização Brasileira; 1972)

Tentativas de mitologia (1979)

O Extremo Oeste (póstumo, 1986), org. de José Sebastião Witter

Capítulos de literatura colonial (póstumo, 1991), org. de Antonio Candido

Capítulos de história do Império (póstumo, 2010), org. de Fernando A. Novais

O espírito e a letra, 2 v. (póstumo, 1996), org. de Antonio Arnoni Prado

Sérgio Buarque de Holanda: Escritos coligidos, 2 v. (póstumo, 2011), org. de Marcos Costa

Capítulos de expansão paulista (póstumo, 2014), org. de Laura de Mello e Souza e André Sekkel Cerqueira

Índice remissivo

•

Abreu, João Capistrano de, 28, 178*n*
África, 84
agricultura, 29, 81
aguardente, 80-1, 102, 126
Aguirre, Juan Francisco de, 139, 185*n*
ajoujos, 52
Albuquerque, João de, 10
Albuquerque, povoado de, 135
alemães, 21
algodão, 59, 94, 102, 104, 125, 136, 148, 164
Almagro, Diego de, 34
Almeida, Francisco José de Lacerda e, 57, 96, 102, 121, 125, 143, 177*n*, 181*n*, 183*n*, 185*n*
Almeida, José Pires de, 76-7
Amambaí, serra de, 119
Amazonas, rio, 95
Amazônia, 12, 47, 50, 57-8, 94
América portuguesa, 99
Amorim, salto do, 114
anacondas, 97
Andreoni, João Antonio (Antonil), 33*n*
Anhanduí, rio, 90-1, 116, 119, 183-4*n*
Anhanguera (segundo), 56

Anhembi, rio, 66, 178*n*; *ver também* Tietê, rio
animais, 36, 81, 85, 125, 130, 152, 181*n*
Antonil, André João *ver* Andreoni, João Antonio (Antonil)
Antropologia estrutural (Lévi-Strauss), 23
Antunes, Gabriel, 76
Apontamentos históricos, geográficos, biográficos, estatísticos e noticiosos da província de São Paulo (Azevedo Marques), 25, 181*n*
Aquidauana, rio, 116-8
Aracanguá-Guaçu, cachoeira de, 110
Araraquara, 69
Araritaguaba, 63, 67, 76, 82, 89, 91, 97, 101, 104-5, 108-9, 120, 135, 144, 147-8, 183*n*
Araújo, Antônio Ferraz de, 74, 116
Arinos, rio, 158-9
armas de fogo, 139
Arquivo Público do Estado de São Paulo, 145
Arranca Rabo, corredeira do, 109
arroz, 29, 126, 136, 145-6, 164, 186*n*
Assunção (Paraguai), 11, 15, 35-6, 140

195

ÍNDICE REMISSIVO

•

Atibaia, 147
Austrália, 82
Avanhandava, rio, 67-9, 71, 109-10, 128
Avaremanduava, cachoeira de, 109
Azambuja, conde de, 61, 95, 104, 125, 183n
azeite, 137

Bacuri, rio, 110
Bahia, 12, 148
Baldus, Herbert, 22
Balo (ou Robalo), cachoeira do, 114
balsas, 52-3, 178n
Balsemão, visconde de, 10
Bananal, 134, 136
Banquinho, cachoeira do, 115
Barbosa, Antônio Correia, 66-7
Barra, cachoeira da, 128, 133
Barros, Fernando Pais de, 89
Barros, João Martins de, 67
Barros, Luís Pedroso de, 70
bateias, 78
Belém do Grão-Pará, 12
Beliago, cachoeira do, 134
Beliago, Domingos Gomes, 82, 132-3
Bellotto, Heloisa Liberalli, 20n
Bernardi, Bernardo, 22n
Bicudo, Manoel de Campos, 73
Blaj, Ilana, 28n
Böhm, João Henrique, 52, 178n
bois, 69, 81, 123-5, 164, 171; ver também gado
Braga, José Peixoto da Silva, 178n
Brasil Central, O (Steinen), 21
Brilhante, rio, 118-9
bruacas, 62, 147
Buenos Aires, 52
bull-boat, 53, 55
buriti (palmeira), 112
Burton, Richard F., 145

Caaguaçu, rio, 118
Cabeza de Vaca, Álvaro Nuñez, 130, 185n

Cabral Camelo, capitão ver Camelo, João Antônio Cabral
Cabral, João de Araújo, 132
Cabral, Pascoal Moreira, 74-6, 78-9
Cáceres, Luís de Albuquerque de Melo Pereira e, 10
cachoeiras, 50, 65, 82, 105, 108-16, 121-3, 128, 138, 159
caiapós, 30, 70, 116, 119, 121, 125, 128-9, 132
Cajuru, rio, 112-3, 123
Camapoã, rio, 58, 82, 91, 104, 106, 115, 118-20, 122-8, 131-2, 135, 143, 161, 181n, 185n
Camelo, João Antônio Cabral, 181n, 186n
Caminhos antigos e povoamento do Brasil (Capistrano de Abreu), 28
Caminhos e fronteiras (Sérgio Buarque de Holanda), 15, 16n, 22, 29, 33, 36, 44n, 73n, 75-7n, 81n, 99-100n, 106n, 129n, 142n
Campo Grande, 116
Campo, cachoeira do, 114
Campos, Antônio Pires de, 74
cana-de-açúcar, 29, 41, 80, 126
Cananeia, 44
Candido, Antonio, 7, 16-8, 33n
Canguera, cachoeira de, 109
Canoa do Banco, cachoeira da, 113
canoas, 45, 47-50, 52, 56-65, 67, 69, 76, 79, 82, 89, 91-3, 96-8, 100-1, 103-5, 107-17, 120, 123-5, 127-8, 133-5, 137, 139-40, 142-3, 145-6, 148, 151-2, 178n, 180n
Canoas, salto das, 118
capelas, 126
Capistrano de Abreu, João ver Abreu, João Capistrano de
capitanias, 43, 85
Capítulos de expansão paulista (Sérgio Buarque de Holanda), 8, 18, 19n, 31n, 32, 34n, 36n, 37, 41n, 43n, 47-

8*n*, 66*n*, 72*n*, 89*n*, 107-8*n*, 129*n*, 142*n*
Capítulos de história colonial (Capistrano de Abreu), 28
Capítulos de história do Império (Sérgio Buarque de Holanda), 24*n*
Capivari, rio, 109
Capoeiras, cachoeira das, 113
caracará, 131
Caracará, monte do, 135
carijós, 45
carne, 138, 147, 164
carretas, 148
carruagens, 106
Carvalho, João Morato de, 180*n*
Casa de Fundição (São Paulo), 86
Castanho, Antônio, 73
Castela, 118, 182*n*
castelhanos, 34, 51-2, 73, 90, 94, 97
Castelnau, Francis de, 185*n*
cauvi, 65
cavalares, 44, 69, 152
cavaleiros, 56, 90, 119, 129, 131, 133, 135, 140
cavalgaduras, 129
cavalos, 36, 54-5, 62, 82, 106, 118, 129-31
Céspedes Xeria, Luís, d., 59, 111
Chaco, 131
Chico Santo (ou Chico Grande), cachoeira do, 113
chiquitos, índios, 74, 116
choupanas, 140
chumbo, 74, 78, 88, 102, 166
chuvas, 49, 60, 93, 96
cipó, 48, 50-1, 142
Ciudad Real de Guairá, 45, 49, 52, 117, 184*n*
coelho, 82
Coelho, Filipe José Nogueira, 87, 181-2*n*
Colônia do Sacramento, 178*n*
comboios, 76, 98
comércio fluvial, 19, 100, 152

Companhia de Jesus, 116; *ver também* jesuítas; reduções jesuíticas
Conselho Ultramarino, 119
Corau, salto do, 114
Corriqueira, cachoeira do, 114
Cortesão, Jaime, 34
Corumbá, 135, 138
Costa, Cláudio Manuel da, 16, 51, 178*n*
Costa, Marcos, 21*n*, 35*n*
coureurs de bois, 48
Coutinho, Luís Pinto de Sousa, 10
Coxim, rio, 57, 65, 123, 128-9, 132
Coxipó, rio, 74-7, 93
Coxiponé, 122
coxiponés, 74
cristãos, 98, 128, 130-1
Cuiabá, 11-2, 26, 58, 77-8, 80-4, 86, 89, 91, 98, 131, 140, 145, 149, 150-2, 181-2*n*
Cuiabá, rio, 57-62, 64, 68, 71, 73-4, 78, 82, 85, 89, 91, 95-6, 100, 104-5, 109, 111, 115, 120, 122-4, 128-9, 132-7, 143, 147-8, 151, 180-1*n*, 186*n*
Cunha, conde da, 64, 180*n*
Curitiba, 117, 184*n*

D'Alincourt, Luiz, 121, 148-9, 179*n*, 181*n*, 184-5*n*
Derby, Orville, 50, 178*n*
Dias, Fernão *ver* Pais, Fernão Dias
Dias, Maria Odila Leite da Silva, 19*n*
dinheiro, 149, 165
Do Império à República (Sérgio Buarque de Holanda), 15
Douro, rio, 64

Ellis Jr., Alfredo, 20
Embiruçu, cachoeira do, 113-4
emboabas, 79
Encarnación, 117, 184*n*
enchentes, 52, 108, 136
engenhos, 80-1
escravos, 76-7, 81, 84, 85, 126, 149, 170
Espanha, 166

espanhóis, 25, 26, 129, 183n
espingardas, 79, 92, 148
Estrada de Ferro Mojiana, 49
Estudos de etnologia brasileira (Max Schmidt), 21
etnografia, 21-3, 34
etnologia, 21-3
Etnologia sul-americana (Wilhelm Schmidt), 21
Europa, 94, 145, 167, 178n
Évora, 10
Extremo Oeste, O (Sérgio Buarque de Holanda), 8, 16n, 18, 19n, 31-4, 36, 43-4n, 48n, 88n, 129n, 142n

Falcão, Fernando Dias, 75-6, 83, 91
Faria, José Custodio de Sá e, 68, 70, 146, 186n
farinhas, 81, 126, 142-8, 185n
Faxina, 67
Fazenda Real, 76, 160, 181n
febres, 81, 108, 143, 151
feijão, 80, 126, 135-6, 142-8, 164
Fernandes, Florestan, 22
Fernandez, J. Patricio, 181n
Ferreira, João da Costa, 70
ferrugem (praga do trigo), 84
"fila índia", 43-4
Florence, Hércules, 125, 128, 179n, 185n
florestas, 49, 58, 62, 106, 112
Fonseca, Gonçalves da, 57, 186n
Formigueiro, cachoeira do, 114
Franca, 147
Françozo, Mariana, 21, 29n
Frias, Manuel de, 116
Friederici, Georg, 23, 44n, 53, 178-9n
frutas, 109, 112, 137
fubá, 81, 126
fumo, 126; *ver também* tabaco
Função social da guerra na sociedade tupinambá, A (Fernandes), 22

gado, 49, 53, 69, 82, 91, 126, 130, 132, 135, 138, 164-5, 181n
gafanhotos, 83
galé, 100
Garganta do Embaú, 49
geografia, 34, 122, 124, 136
Glimmer, Guilherme, 50
Goiás, 11, 25, 56, 62, 84-5, 88, 115, 123, 144, 152, 181n, 186n
Grande Espírito (mitologia indígena), 131
grande lavoura, 32; *ver também* lavouras
Grande, rio, 56, 111
Grão-Pará, 12
guaicurus, 30, 90, 98, 119, 129-31, 140
Guairá *ver* Ciudad Real de Guairá
Guanabara, 27
guanandi, 65
Guaporé, rio, 89
guaranis, 44
Guarapuava, 61, 101
guatós, 94, 136, 140
Guerra do Paraguai, 72, 119, 140
Guiana, 34
Gurupá, rio, 50
Guts-Muths, I. Ch. F., 60

Heriarte, Maurício de, 94
Hernandez, Pero, 130
História Geral da Civilização Brasileira (coleção), 16, 33
História geral das bandeiras paulistas (Taunay), 25, 27, 183-4n
Holanda, Maria Amélia Buarque de, 16-7, 33n

Igairi, rio, 184n
igrejas, 105
Iguaçu, rio, 44
Iguatemi, 62-3, 66-8, 100, 120, 146
Igureí, 61
Imuncimá, rio, 116, 184n

"Índio no Brasil, O" (Sérgio Buarque de Holanda), 21*n*
"Índios e mamelucos na expansão paulista" (Sérgio Buarque de Holanda), 22
índios, indígenas, 19-22, 30, 41-5, 47, 50-3, 56, 59-60, 65, 73-5, 77, 80, 86-9, 92, 94, 97, 98, 105, 119, 121-3, 125, 129-31, 136, 139, 141, 159, 179*n*; *ver também etnias individualmente*
Inglaterra, 166
insetos, 93, 138
Itapura, 67, 69, 71, 110, 180*n*
Itatim, 117
Itu, 11, 59, 67, 73, 78, 101, 109, 114, 144, 147
Itupanema, cachoeira de, 110
Ivaí, 101
Ivinheima, rio, 90, 116-8, 184*n*

jacás, 147
jacuba, 144
jangadas, 50-2, 56, 178*n*
jataí, 65
jesuítas, 51, 117; *ver também* Companhia de Jesus
Jundiaí, 109
Jupiá, rio, 111
Jurumirim, cachoeira de, 109
Juzarte, Teotônio José, 96, 179*n*

Knivet, Anthony, 50, 178*n*
Koch-Grünberg, Theodor, 23
Kuper, Adam, 22*n*

La Condamine, Charles Marie de, 94
Lacerda e Almeida, dr. *ver* Almeida, Francisco José de Lacerda e
lagoas, 136
Laje Grande, cachoeira da, 114
Laje, corredeira da, 110
Lambari, rio, 110
Lanhas Peixoto, ouvidor *ver* Peixoto, Antônio Alves Lanhas

Laureano de la Cruz, frei, 94, 182*n*
lavouras, 42, 63, 67, 74, 79, 80, 83, 131, 146, 165
Lavradio, marquês de, 51, 178*n*
lavradores, 131, 151
lavras, 78-80, 82-3, 85, 87, 139, 152
legumes, 126
Leme, João, 136, 181*n*
Leme, José de Almeida, 70
Leme, Lourenço, 136, 181*n*
lenha, 140
Leverger, Augusto, 122
Lévi-Strauss, Claude, 22-4
língua portuguesa, 43
Linhares, conde de, 121
Luís Antônio, d. *ver* Mourão, Luís Antônio de Sousa Botelho, d.

Machado, Alcântara, 20
Maciel, Antônio Antunes, 74-5
Maciel, João Antunes, 139
Madeira, rio, 48, 58, 152, 158-9, 179*n*
Malinowski, B., 22*n*
mamelucos, 20, 52
mandioca, 80, 126, 142, 144, 164
Mangabal ou Mangual, cachoeira do, 113
Manoel Roiz, cachoeira de, 114
Mansuy, Andrée, 33*n*
mantimentos, 77, 88, 91, 96, 125, 132, 145
mapas, 70, 117, 120, 183*n*
Maria I, d., 10
Marques, Azevedo, 25, 181*n*
Márquez Miranda, Fernando, 24*n*
Martins, José de Barros, 25
Martius, Carl Friedrich Philip von, 58, 60, 141, 144, 179*n*
Mateus, morgado de *ver* Mourão, Luís Antônio de Sousa Botelho, d.
Mato Grosso, 10-2, 27, 53, 69-70, 84-5, 89, 98, 121-2, 131, 137, 143-4, 148-50, 157, 159, 164*n*, 179*n*, 186*n*
Mato, cachoeira do, 114

199

ÍNDICE
REMISSIVO

Mbororé, 51
Mbototéu, rio, 117
Mediterrâneo, mar, 94
Melgaço, barão de, 119
"Memórias cronológicas da capitania de Mato Grosso" (Nogueira Coelho), 87
Memórias históricas do Rio de Janeiro (Monsenhor Pizarro), 179n
Mendonça, Antônio Manuel de Melo Castro e, 65, 69
Menezes, Rodrigo César de, 61, 78, 80, 83-4, 86, 88, 93, 132, 182n
Mercier, Paul, 23n
mestiços, 125
Métraux, Alfred, 23
milho, 70, 80-1, 83, 126, 135-6, 142, 144, 147, 164, 185n
Minas Gerais, 49, 78, 84-5, 144, 177n, 186n
mineração, 75, 78, 83, 86-7, 89, 124, 172, 181-2n
Miranda, rio, 118
missões, 52, 54, 74; *ver também* reduções jesuíticas
Mogi das Cruzes, 29
Monções (Sérgio Buarque de Holanda), 7-8, 15-21, 24-7, 30-4, 37, 41n, 129n
monjolos, 126, 145-6, 185-6n
Montesinhos, Antônio Ruiz de, 120
Montoya, Antonio Ruiz de, padre, 52, 178n
Moraes, José Geraldo Vinci de, 19n
Moreira, Pascoal *ver* Cabral, Pascoal Moreira
Mortes, rio das, 50
mosquitos, 93-7, 138
Moura, Antônio Rolim de, d., 95, 104, 110, 125, 134, 183n
Mourão, Luís Antônio de Sousa Botelho, d., 63, 65-9, 71, 117-8, 180n, 184n
muares, 44, 152
mulheres, 56, 75, 103

Museu de La Plata, 24n
Museu Paulista, 22-3, 25, 41, 48n

negros, 42, 80, 87, 124, 126, 151
Nhanduí-Mirim, cachoeira do, 114
Nioac, rio, 118-9
Noé, 105
Nordenskiöld, Erland, 23, 94-5, 182n
"Notícias Utilíssimas à Coroa de Portugal e suas Conquistas", 184n
Nova Andaluzia, 34
Nova Jersey, 97
Novais, Fernando, 24n
Novo Mundo, 42
Novo Tejo, rio, 121
Nuestra Señora Santa Maria de la Asunción *ver* Assunção (Paraguai)

Oeynhausen, João Carlos Augusto de, 121, 157, 162, 184n
omáguas, 94-5
Ordonhes, Diogo de Toledo Lara, 87, 185n
Orelha de Onça, rio, 113
ouro, 62, 74-9, 83-8, 90, 98, 102, 124, 132, 148-50, 152, 161, 163, 165-6, 168, 170-3, 181-2n, 186n
Outro olhar: A etnologia alemã na obra de Sérgio Buarque de Holanda, Um (Françozo), 21n
Oviedo, 94

pacu, 77, 137
padres, 116
paiaguás, 30, 97, 120, 129, 132, 135, 139-41
Pais, Artur, 89
Pais, Braz Mendes, 76
Pais, Fernão Dias, 50
palmitos, 137
Pantanal, 136, 138, 139
Paraguai, 11, 34-5, 54, 59, 63, 73, 90-1, 117-8, 121, 134-5, 137, 139, 141, 178n, 184-5n

Paraguai, rio, 57, 97, 116, 119, 123, 130, 134-5
Paraibuna, rio, 50
Paraná, 186n
Paraná, rio, 49, 52-3, 59, 67, 69-71, 90-1, 111-3, 116-7, 119-20, 122, 130, 162, 184n
Paranapanema, rio, 49, 90, 117-8, 184n
Pardo, rio, 57, 64-5, 70-1, 82, 90-1, 111-2, 114-6, 118-20, 123, 183-4n
parecis, 89
Paredão, cachoeira do, 114
Parnaíba, 72-3, 117
Passagem do Cavaleiro, 129
Pedras de Amolar, cachoeira das, 114
pedras preciosas, 19
Pedro I, d., 143
Pedro, São (apóstolo), 105
peixes, 77, 110, 137-8, 164
Peixoto, Antônio Alves Lanhas, 97, 139
pelourinho, 83
Penha, Gregorio dela, 155
Pernambuco, 52, 168
peroba, 62, 65
Peru, 34, 166
pescarias, pescados, 109, 137
pilão, 126, 146
piperis, 50
Piquiri, rio, 44, 120, 122-3
Piracicaba, 63, 68-9, 71, 180n
Piracicaba, rio, 63, 66-7
Pirapora, cachoeiras de, 109
Piratininga, 29, 42
Pizarro, Francisco, 34
Pizarro, monsenhor, 179n
planalto paulista, 42, 82, 84, 99
pólvora, 74, 76, 102
Pombal (ou Pomba), cachoeira do, 114
Pompeu, José, 76
Porrudos, rio ver São Lourenço, rio
Porto Feliz, 11-2, 59, 71, 98, 101-2, 104, 109, 133, 145, 183n
Portugal, 10-1, 90, 180n
Potunduva, 69

Pouso Alegre, 133-4, 140
Prado, Antonio Arnoni, 19n
Prado, Francisco Rodrigues do, 185n
Prado, Manuel Góis do, 132
Prado, Paulo, 116, 181n, 183-4n
prata, 104, 166, 173
Prata, rio da, 34
"Pulsações, sangrias e sedimentação: Sérgio Buarque de Holanda e a análise da sociedade paulista no século XVII" (Blaj), 28n

Quebra Proa, cachoeira do, 113

Radcliffe-Brown, A. R., 22, 24
Raízes do Brasil (Sérgio Buarque de Holanda), 15, 19, 21, 33, 89n
rapadura, 144
Raposo Tavares ver Tavares, Antônio Raposo
Real Fazenda ver Fazenda Real
reduções jesuíticas, 117; ver também jesuítas; missões
Rego, João de Mello do, 156
Rego, José Marcio, 19n
Revista de História, 17n, 29n, 41n
Revista do Museu Paulista, 22
Rio Branco, barão do, 184n
Rio de Janeiro, 11-2, 26, 80, 146, 148-9, 160
Rio Grande do Sul, 51, 144, 186n
roças, 63, 70, 80, 83, 91, 117, 124, 132, 135-6, 144, 151
Rodrigues, Henrique Estrada, 19n
Roiz, Manoel, 114

Sá e Faria, brigadeiro ver Faria, José Custodio de Sá e
Sá, Barbosa de, 74, 79, 81-2, 178n, 181-2n
Sá, Martim de, 50
Saavedra, Cristobal de, 94
Saint-Hilaire, Auguste de, 145
Sampaio, Ribeiro de, 95

201

ÍNDICE
REMISSIVO

San Javier, 117-8, 184n
Sanguexuga, rio, 58, 91, 112, 115-6, 120, 123-5, 127
Santa Cruz de la Sierra, 74
Santana de Parnaíba, 29
Santiago de Xerez, 117-8
Santo Antônio, salto de, 48
Santos, heróis ou demônios? Sobre as relações entre índios, jesuítas e colonizadores na América Meridional (Sposito), 35n
São Lourenço, rio, 120, 122-3, 134-5
São Paulo na órbita dos Felipes: Conexões castelhanas de uma vila da América Portuguesa durante a União Ibérica (1580-1640) (Vilardaga), 35n
São Pedro do Rio Grande do Sul, 56
Sarmiento de Mendoza, Luís, 49
sassafraz, 65
Schmidt, Max, 21, 185n
Schmidt, Wilhelm, padre, 21, 23
Schultz, Harald, 22
Senhor Bom Jesus, vila do, 78, 183n
Sequeira, José Manuel de, padre, 85
Serra do Mar, 42
Serra, Ricardo Franco de Almeida, 134, 136
Sertão dos Patos, 44
Sete Quedas, 111
Sevcenko, Nicolau, 19n
Silva Braga *ver* Braga, José Peixoto da Silva
Sirga Comprida, cachoeira da, 113
Smith, Herbert, 97, 182n
Soares, Diogo, padre, 186n
Sorocaba, 11, 70, 73-4, 78, 83, 91, 109, 117, 147, 151, 155, 186n
Sousa, Luís Antônio de, d., 70, 149
Souza, Cândido Xavier de Almeida e, 61, 69, 104, 112, 133, 145-6, 183n, 185n
Souza, Diogo de, 97
Souza, Laura de Mello e, 20n

Souza, Martim Afonso de, 32, 42
Sposito, Fernanda, 35n
Steinen, Karl von, 21
Sucuriú, cachoeira do, 114
Sucuriú, rio, 120-2, 162
Suécia, 166
Sutil, Miguel, 77-8, 80, 83

tabaco, 164
Tamanduá, cachoeira do, 114
Tapajós, rio, 152, 158-9
Tapanhucanga, cachoeira do, 113
Taquaral, cachoeira do, 114
Taquari, rio, 57, 82, 122, 128, 132-4, 137, 140
Taques, Pedro, 74
Taunay, Afonso d'Escragnolle, 20, 25, 27, 120, 179n, 183-5n
Tavares, Antônio Raposo, 50, 73, 178n
Tejuco, cachoeira do, 113
Tentativas de mitologia (Sérgio Buarque de Holanda), 34
Tibaji, rio, 184n
Tietê, rio, 12, 49, 57-9, 62-71, 74, 76, 90, 95, 98, 102, 106, 109-12, 117, 120, 122, 178-9n, 182n, 184-5n
tigres, 97
Tinoco, Diogo Grasson, 50
Tordesilhas, linha de, 34
toucinho, 142-3, 146-8
Três Irmãos, cachoeira dos, 114
trigo, 29
tupiniquins, 44

ubás, 56-8
upiuva, 65
Urubupungá, 70, 111
Uruguai, rio, 51-2

Vacaria, campos da, 73, 82, 90-1, 117-20, 129, 132, 182n
vacuns, 69, 82
vapuan, 65
Velho Mundo, 43, 65, 93

Verde, rio, 112, 121
Vermelho, ribeirão, 112
Vida e morte do bandeirante (Alcântara Machado), 20
vikings, 64
Vila Bela do Mato Grosso, 12
Vila Boa de Goiás, 123, 181*n*
Vila Rica do Espírito Santo, 118
"Vila Rica" (Cláudio Manuel da Costa), 51
Vilardaga, José Carlos, 35*n*
Vilares, Luís Rodrigues, 132
vinho, 64, 112

Visão do Paraíso (Sérgio Buarque de Holanda), 15, 33-4, 36

Wissler, Clark, 23, 28, 185*n*
Witter, José Sebastião, 18, 19*n*, 31, 33
Woutucatu, 67, 117

Xanés, rio, 97
Xavier, Luiz Pedroso, 73
Xerez *ver* Santiago de Xerez
ximbouva, 62

yurucarés, 94

1ª EDIÇÃO [2014] 1 reimpressão

ESTA OBRA FOI COMPOSTA EM BODONI PELO ESTÚDIO O.L.M. E IMPRESSA
EM OFSETE PELA GEOGRÁFICA SOBRE PAPEL PÓLEN SOFT DA
SUZANO S.A. PARA A EDITORA SCHWARCZ EM FEVEREIRO DE 2022

A marca FSC® é a garantia de que a madeira utilizada na fabricação do papel deste livro provém de florestas que foram gerenciadas de maneira ambientalmente correta, socialmente justa e economicamente viável, além de outras fontes de origem controlada.